最高人民法院民事案件案由规定与新旧条文对照表

人民法院出版社法规编辑中心·编

人民法院出版社

图书在版编目（CIP）数据

最高人民法院民事案件案由规定与新旧条文对照表 / 人民法院出版社法规编辑中心编 .-- 北京：人民法院出版社，2021.2

ISBN 978-7-5109-3113-0

Ⅰ．①最…　Ⅱ．①人…　Ⅲ．①民事诉讼法 – 法律解释 – 中国　Ⅳ．① D925.105

中国版本图书馆 CIP 数据核字（2021）第 028175 号

最高人民法院民事案件案由规定与新旧条文对照表

人民法院出版社法规编辑中心　编

责任编辑　王　婷
执行编辑　尹立霞
封面设计　丁　鼎
出版发行　人民法院出版社
地　　址　北京市东城区东交民巷 27 号（100745）
电　　话　（010）67550637（执行编辑）　67550558（发行部查询）
　　　　　65223677（读者服务部）
客服 QQ　2092078039
网　　址　http：//www.courtbook.com.cn
E - mail　courtpress@sohu.com
印　　刷　三河市国英印务有限公司
经　　销　新华书店

开　　本　787 毫米 ×1092 毫米　1/32
字　　数　92 千字
印　　张　8.5
版　　次　2021 年 2 月第 1 版　2021 年 2 月第 1 次印刷
书　　号　ISBN 978-7-5109-3113-0
定　　价　29.00 元

编写说明

2020年12月14日，最高人民法院审判委员会第1821次会议通过了《最高人民法院关于修改〈民事案件案由规定〉的决定》，于2020年12月29日公布。本次主要对照民法典等法律对2011年2月18日第一次修正的《民事案件案由规定》作出修改，共修改第一级案由3个，修改第二级案由13个，修改第三级案由88个，修改第四级案由49个。重大修改主要体现在两个方面：

第一方面，将民法典的新增亮点制度增加到民事案件案由中，比如：随着网络技术发展，个人信息被滥用的问题日益严重，为加强个人信息保护，根据民法典第1034条等规定，增加了“个人信息保护纠纷”案由；为及时制止严重侵害人格权的违法行为，切实保护广大人民群众人格权，依照民法典第997条的规定，增加了“申请人格权侵害禁令”案由；为彰显民法典的“绿色原则”，推动完善生态文明制度体系，专门增加了涉及生态环境保护的部分具体案由；为全面保护未成年人健康成长，专门增加了“未成年人保护民事公益诉讼”案由，配合修订后《未成年人保护法》的施行。另外，这次还对照民法典增加了声音保护、居住权、保理合同等几十个案由。

第二方面，此次修改增加了第一级案由“特殊诉讼程序案件案由”，并在其项下增加相应的“公益诉讼”“第三人撤销之诉”“执行程序中的异议之诉”等案由，进一步完善了民事案件案由体系。

为便于读者更好地适用新民事案件案由规定，我们编辑了本书，收录了《最高人民法院印发〈关于修改《民事案件案由规定》的决定〉的通知》《最高人民法院关于印发修改后的〈民事案件案由规定〉的通知》，并将2011年《民事案件案由规定》与2020年《民事案件案由规定》编制成对照表，进行逐条对照。特点如下：

1. 案由全面。2011年《民事案件案由规定》一栏中的案由包括了《最高人民法院关于增加民事案件案由的通知》（法〔2018〕344号）、《最高人民法院关于补充增加民事案件案由的通知》（法〔2018〕364号）补充的民事案件案由。

2. 序号对应。2011年《民事案件案由规定》与2020年《民事案件案由规定》在按照各自自然顺序排列的同时，特意作了同序对照，即修改前后的案由左右两栏直接对照，这样，不仅能够对照发现修改之处，而且可以很方便的查阅新旧案由。

3. 注解精准。本次修改，对案由编排体系未作大的调整，但仍有部分案由调整了顺序。本书对具体案由没有变化，但顺序有调整的案由，在新旧案由处都作了精准的指向性注释，实现新旧案由互有指向，方便迅速实现新旧案由的对照。

4. 标识醒目。对照表对新旧案由有变更的加阴影标识，对旧案由删除的用删除线标识，对新增加的案由作黑体标识。

目 录

最高人民法院

印发《关于修改〈民事案件案由规定〉的决定》的通知

（2020 年 12 月 29 日　法〔2020〕346 号）……………………001

最高人民法院

关于印发修改后的《民事案件案由规定》的通知

（2020 年 12 月 29 日　法〔2020〕347 号）……………………012

第一部分　人格权纠纷……………………022

第二部分　婚姻家庭、继承纠纷……………………022

第三部分　物权纠纷……………………024

第四部分　合同、准合同纠纷……………………028

第五部分　知识产权与竞争纠纷……………………035

第六部分　劳动争议、人事争议……………………042

第七部分　海事海商纠纷……………………043

第八部分　与公司、证券、保险、票据等有关的民事纠纷……………………046

第九部分　侵权责任纠纷……………………053

第十部分　非讼程序案件案由……………………056

第十一部分　特殊诉讼程序案件案由……………………060

最高人民法院民事案件案由规定新旧条文对照表……………………061

最高人民法院

印发《关于修改〈民事案件案由规定〉的决定》的通知

2020 年 12 月 29 日　　　　　　　　法〔2020〕346 号

各省、自治区、直辖市高级人民法院，解放军军事法院，新疆维吾尔自治区高级人民法院生产建设兵团分院：

现将《最高人民法院关于修改〈民事案件案由规定〉的决定》印发给你们，请认真贯彻执行。

最高人民法院

关于修改《民事案件案由规定》的决定

根据《中华人民共和国民法典》《中华人民共和国民事诉讼法》等法律规定，结合人民法院民事审判工作实际，对 2011 年 2 月 18 日第一次修正的《民事案件案由规定》

作如下修改：

一、修改第一级案由 3 个

1. 变更第一级案由“第四部分 合同、无因管理、不当得利纠纷”为第一级案由“第四部分 合同、准合同纠纷”。

2. 变更第一级案由“第十部分 适用特殊程序案件案由”为第一级案由“第十部分 非讼程序案件案由”。

3. 增加第一级案由“第十一部分 特殊诉讼程序案件案由”。

二、修改第二级案由 13 个

4. 增加第二级案由“三十、独立保函纠纷”。

5. 变更第二级案由“三十三、认定公民无民事行为能力、限制民事行为能力案件”为“三十四、认定自然人无民事行为能力、限制民事行为能力案件”。

6. 增加第二级案由“三十五、指定遗产管理人案件”。

7. 增加第二级案由“三十七、确认调解协议案件”。

8. 增加第二级案由“三十八、实现担保物权案件”。

9. 增加第二级案由“四十二、公司清算案件”。

10. 增加第二级案由“四十三、破产程序案件”。

11. 增加第二级案由“四十六、申请人身安全保护令案件”。

12. 增加第二级案由“四十七、申请人格权侵害禁令案件”。

13. 增加第二级案由“五十一、与宣告失踪、宣告死亡案件有关的纠纷”。

14. 增加第二级案由“五十二、公益诉讼”。

15. 增加第二级案由“五十三、第三人撤销之诉”。

16. 变更第二级案由“四十三、执行异议之诉”为“五十四、执行程序中的异议之诉”。

三、修改第三级案由 88 个

17. 在第二级案由“一、人格权纠纷”项下：变更“1. 生命权、健康权、身体权纠纷”为“1. 生命权、身体权、健康权纠纷”；增加“3. 名称权纠纷”“5. 声音保护纠纷”；变更“6. 隐私权纠纷”为“8. 隐私权、个人信息保护纠纷”。

18. 在第二级案由“二、婚姻家庭纠纷”项下：增加“13. 婚内夫妻财产分割纠纷”“21. 亲子关系纠纷”。

19. 在第二级案由“三、继承纠纷”项下：增加“34. 遗产管理纠纷”。

20. 在第二级案由“六、所有权纠纷”项下：增加“52. 添附物归属纠纷”。

21. 在第二级案由“七、用益物权纠纷”项下：增加“62. 土地经营权纠纷”“65. 居住权纠纷”。

22. 在第二级案由“十、合同纠纷”项下：增加“75. 预约合同纠纷”“82. 债务加入纠纷”；变更“75. 招标投标买卖合同纠纷”为第三级案由“84. 买卖合同纠纷”项下的第四级案由“(5)招标投标买卖合同纠纷”；变更“83. 房屋拆迁安置补偿合同纠纷”为“92. 民事主体间房屋拆迁补偿合同纠纷”；增加“97. 排污权交易纠纷”“98. 用能权交易纠纷”“99. 用水权交易纠纷”“100. 碳排放权交易纠纷”“101. 碳汇交易纠纷”“113. 保理合同纠纷”；变更“107. 居间合同纠纷”为“123. 中介合同纠纷”，变更“111. 合伙协议纠纷”为“127. 合伙合同纠纷”，变更“119. 农村土地承包合同纠纷”为“135. 土地承包经营权合同纠纷”；增加“136. 居住权合同纠纷”；删去“127. 请求确认人民调解协议效力”。

23. 在第二级案由“十五、不正当竞争纠纷”项下：增加“182. 网络不正当竞争纠纷”。

24. 在第二级案由“十八、人事争议”项下：删去“172. 人事争议”；增加“190. 聘任合同纠纷”。

25. 在第二级案由“二十一、与公司有关的纠纷”项下：变更“257. 股东损害公司债权人利益责任纠纷”为“277. 损害公司债权人利益责任纠纷”；变更“264. 申请公司清算”为新增加的第二级案由“四十二、公司清算案件”项下的第三级案由“420. 申请公司清算”。

26. 在第二级案由“二十三、与破产有关的纠纷”项下：变更“270. 申请破产清算”“271. 申请破产重整”“272. 申请破产和解”为新增加的第二级案由“四十三、破产程序案件”项下的第三级案由“421. 申请破产清算”“422. 申请破产重整”“423. 申请破产和解”。

27. 在新增加的第二级案由“三十、独立保函纠纷”项下：增加“357. 独立保函开立纠纷”“358. 独立保函付款纠纷”“359. 独立保函追偿纠纷”“360. 独立保函欺诈纠纷”“361. 独立保函转让纠纷”“362. 独立保函通知纠纷”“363. 独立保函撤销纠纷”。

28. 在第二级案由“三十、侵权责任纠纷”项下：变更“348 之一、性骚扰损害责任纠纷”为“372. 性骚扰损害责任纠纷”；增加“375. 非机动车交通事故责任纠纷”“378. 生态破坏责任纠纷”；变更“355. 物件损害责任纠纷”为“381. 建筑物和物件损害责任纠纷”，变更“366. 因申请诉前财产保全损害责任纠纷”为“392. 因申请财产保全损害责任纠纷”；增加“393. 因申请行为保全损害责任纠纷”；变更“367. 因申请诉前证据保全损害责任纠纷”为“394. 因申请证据保全损害责任纠纷”，删去“368. 因申请诉中财产保全损害责任纠纷”“369. 因申请诉中证据保全损害责任纠纷”。

29. 在第二级案由“三十二、宣告失踪、宣告死亡案件”项下：变更“372. 申请宣告公民失踪”为“397. 申请宣告自然人失踪”，变更“373. 申请撤销宣告失踪”为“398. 申请撤销宣告失踪判决”，变更“375. 失踪人债务支付纠纷”为新增加的第二级案由“五十一、与宣告失踪、宣告死亡案件有关的纠纷”项下的第三级案由“464. 失踪人债务支付纠纷”，变更“376. 申请宣告公民死亡”为“400. 申请宣告自然人死亡”，变更“377. 申请撤销宣告公民死亡”为“401. 申请撤销宣告自然人死亡判决”，变更“378. 被撤销死亡宣告人请求返还财产纠纷”为新增加的第二级案由“五十一、与宣告失踪、宣告死亡案件有关的纠纷”项下的第三级案由“465. 被撤销死亡宣告人请求返还财产纠纷”。

30. 在新变更的第二级案由“三十四、认定自然人无民事行为能力、限制民事行为能力案件”项下：变更“379. 申请宣告公民无民事行为能力”为“402. 申请宣告自然人无民事行为能力”，变更“380. 申请宣告公民限制民事行为能力”为“403. 申请宣告自然人限制民事行为能力”，变更“381. 申请宣告公民恢复限制民事行为能力”为“404. 申请宣告自然人恢复限制民事行为能力”，变更“382. 申请宣告公民恢复完全民事行为能力”为“405. 申请宣告自然人恢复完全民事行为能力”。

31. 在新增加的第二级案由“三十五、指定遗产管理人案件”项下：增加“406. 申请指定遗产管理人”。

32. 在第二级案由“三十四、认定财产无主案件”项下：变更“384. 申请撤销认定财产无主”为“408. 申请撤销认定财产无主判决”。

33. 在新增加的第二级案由“三十七、确认调解协议案件”项下：增加“409. 申请司法确认调解协议”“410. 申请撤销确认调解协议裁定”。

34. 在新增加的第二级案由“三十八、实现担保物权案件”项下：增加“411. 申请实现担保物权”“412. 申请撤销准许实现担保物权裁定”。

35. 在第二级案由“三十五、监护权特别程序案件”项下：增加“414. 申请指定监护人”“417. 申请恢复监护人资格”。

36. 在新增加的第二级案由“四十三、破产程序案件”项下：增加“424. 申请对破产财产追加分配”。

37. 在第二级案由“三十八、申请诉前停止侵害知识产权案件”项下：增加“429. 申请诉前停止侵害计算机软件著作权”“430. 申请诉前停止侵害集成电路布图设计专用权”。

38. 在第二级案由“三十九、申请保全案件”项下：删去“395. 申请诉中财产保全”；增加“432. 申请诉前行为保全”；删去“397. 申请诉中证据保全”；增加“434. 申请仲裁前财产保全”“435. 申请仲裁前行为保全”“436. 申请仲裁前证据保全”“439. 申请执行前财产保全”。

39. 在新增加的第二级案由“四十六、申请人身安全保护令案件”项下：增加“442. 申请人身安全保护令”。

40. 在新增加的第二级案由“四十七、申请人格权侵害禁令案件”项下：增加“443. 申请人格权侵害禁令”。

41. 在新增加的第二级案由“五十二、公益诉讼”项下：增加“466. 生态环境保护民事公益诉讼”“467. 英雄烈士保护民事公益诉讼”“468. 未成年人保护民事公益诉讼”“469. 消费者权益保护民事公益诉讼”。

42. 在新增加的第二级案由“五十三、第三人撤销之诉”项下：增加“470. 第三人撤销之诉”。

43. 在新变更的第二级案由“五十四、执行程序中的异议之诉”项下：增加“471. 执行异议之诉”；变更“422. 案外人执行异议之诉”“423. 申请执行人执行异议之诉”为新增加的第三级案由“471. 执行异议之诉”项下的第四级案由“（1）案外人执行异议之诉”“（2）申请执行人执行异议之诉”；增加“472. 追加、变更被执行人异议之诉”。

四、修改第四级案由 49 个

44. 在新变更的第三级案由“8. 隐私权、个人信息保护纠纷”项下：增加“（1）隐私权纠纷”“（2）个人信息保护纠纷”。

45. 在新增加的第三级案由“21. 亲子关系纠纷”项下：增加“（1）确认亲子关系纠纷”“（2）否认亲子关系纠纷”。

46. 在第三级案由“48. 共有纠纷”项下：增加“（4）债权人代位析产纠纷”。

47. 在第三级案由“59. 抵押权纠纷”项下：变更“（4）土地承包经营权抵押权纠纷”为“（4）土地经营权抵押权纠纷”；增加“（5）探矿权抵押权纠纷”“（6）采矿权抵押权纠纷”“（7）海域使用权抵押权纠纷”。

48. 在第三级案由“74. 买卖合同纠纷”项下：增加“（4）所有权保留买卖合同纠纷”；变更“（6）网络购物合同纠纷”为“（8）信息网络买卖合同纠纷”；删去“（7）电视购物合同纠纷”。

49. 在第三级案由“89. 借款合同纠纷”项下：删去“（3）企业借贷纠纷”。

50. 在第三级案由“104. 委托合同纠纷”项下：增加“（5）销售代理合同纠纷”。

51. 在新变更的第三级案由“135. 土地承包经营权合同纠纷”项下：删去“（1）土地承包经营权转包合同纠纷”；变更“（4）土地承包经营权入股合同纠纷”为“（3）土地经营权入股合同纠纷”，变更“（5）土地承包经营权抵押合同纠纷”为“（4）土地经营权抵押合同纠纷”，变更“（6）土地承包经营权出租合同纠纷”为“（5）土地经营权出租合同纠纷”。

52. 在第三级案由“120. 服务合同纠纷”项下：变更“（2）邮寄服务合同纠纷”为“（2）邮政服务合同纠纷”；增加“（3）快递服务合同纠纷”；变更“（15）物业服务合同纠纷”为第三级案由“121. 物业服务合同纠纷”。

53. 在第三级案由“136. 技术合同纠纷”项下：增加“（5）技术许可合同纠纷”。

54. 在第三级案由“144. 专利权权属、侵权纠纷”项下：增加“（10）标准必要专利使用费纠纷”。

55. 在第三级案由“157. 仿冒纠纷”项下：变更“（1）擅自使用知名商品特有名称、包装、装潢纠纷”为“（1）擅自使用与他人有一定影响的商品名称、包装、装潢等相同或者近似的标识纠纷”，变更“（2）擅自使用他人企业名称、姓名纠纷”为“（2）擅自使用他人有一定影响的企业名称、社会组织名称、姓名纠纷”；删去“（3）伪造、冒用产品质量标志纠纷”“（4）伪造产地纠纷”；增加“（3）擅自使用他人有一定影响的域名主体部分、网站名称、网页纠纷”。

56. 在第三级案由“172. 人事争议”项下：变更“（1）

辞职争议”为第三级案由“191.辞职纠纷”，变更“（2）辞退争议”为第三级案由“192.辞退纠纷”，变更“（3）聘用合同争议”为第三级案由“189.聘用合同纠纷”。

57.在新变更的第三级案由“277.损害公司债权人利益责任纠纷”项下：增加“（1）股东损害公司债权人利益责任纠纷”“（2）实际控制人损害公司债权人利益责任纠纷”。

58.在第三级案由“346.网络侵权责任纠纷”项下：增加“（1）网络侵害虚拟财产纠纷”。

59.在第三级案由“347.违反安全保障义务责任纠纷”项下：变更“（1）公共场所管理人责任纠纷”为“（1）经营场所、公共场所的经营者、管理者责任纠纷”。

60.在第三级案由“352.环境污染责任纠纷”项下：增加“（7）光污染责任纠纷”；将“（3）噪声污染责任纠纷”“（4）放射性污染责任纠纷”“（5）土壤污染责任纠纷”“（6）电子废物污染责任纠纷”“（7）固体废物污染责任纠纷”的顺序调整为“（3）土壤污染责任纠纷”“（4）电子废物污染责任纠纷”“（5）固体废物污染责任纠纷”“（6）噪声污染责任纠纷”“（8）放射性污染责任纠纷”。

61.在第三级案由“353.高度危险责任纠纷”项下：变更“（1）民用核设施损害责任纠纷”为“（1）民用核设施、核材料损害责任纠纷”。

62.在新变更的三级案由“381.建筑物和物件损害责任纠纷”项下：变更“（2）建筑物、构筑物倒塌损害责任纠纷”为“（2）建筑物、构筑物倒塌、塌陷损害责任纠纷”，变更“（3）不明抛掷物、坠落物损害责任纠纷”为“（3）

高空抛物、坠物损害责任纠纷”，变更“（4）堆放物倒塌致害责任纠纷”为“（4）堆放物倒塌、滚落、滑落损害责任纠纷”，变更“（6）林木折断损害责任纠纷”为“（6）林木折断、倾倒、果实坠落损害责任纠纷”。

63. 在新增加的第三级案由“466. 生态环境保护民事公益诉讼”项下：增加“（1）环境污染民事公益诉讼”“（2）生态破坏民事公益诉讼”“（3）生态环境损害赔偿诉讼”。

本决定自 2021 年 1 月 1 日起施行。

《民事案件案由规定》根据本决定作修改并对条文顺序作调整后，重新公布。

最高人民法院
关于印发修改后的《民事案件案由规定》的通知

2020 年 12 月 29 日　　　　法〔2020〕347 号

为切实贯彻实施民法典，最高人民法院对 2011 年 2 月 18 日第一次修正的《民事案件案由规定》(以下简称 2011 年《案由规定》)进行了修改，自 2021 年 1 月 1 日起施行。现将修改后的《民事案件案由规定》(以下简称修改后的《案由规定》)印发给你们，请认真贯彻执行。

2011 年《案由规定》施行以来，在方便当事人进行民事诉讼，规范人民法院民事立案、审判和司法统计工作等方面，发挥了重要作用。近年来，随着民事诉讼法、邮政法、消费者权益保护法、环境保护法、反不正当竞争法、农村土地承包法、英雄烈士保护法等法律的制定或者修订，审判实践中出现了许多新类型民事案件，需要对 2011 年《案由规定》进行补充和完善。特别是民法典将于 2021 年 1 月 1 日起施行，迫切需要增补新的案由。经深入调查研究，广泛征求意见，最高人民法院对2011年《案由规定》进行了修改。现就各级人民法院适用修改后的《案由规定》的有关问题通知如下：

一、高度重视民事案件案由在民事审判规范化建设中的重要作用，认真学习掌握修改后的《案由规定》

民事案件案由是民事案件名称的重要组成部分，反映案件所涉及的民事法律关系的性质，是对当事人诉争的法律关系性质进行的概括，是人民法院进行民事案件管理的重要手段。建立科学、完善的民事案件案由体系，有利于方便当事人进行民事诉讼，有利于统一民事案件的法律适用标准，有利于对受理案件进行分类管理，有利于确定各民事审判业务庭的管辖分工，有利于提高民事案件司法统计的准确性和科学性，从而更好地为创新和加强民事审判管理、为人民法院司法决策服务。

各级人民法院要认真学习修改后的《案由规定》，理解案由编排体系和具体案由制定的背景、法律依据、确定标准、具体含义、适用顺序以及变更方法等问题，准确选择适用具体案由，依法维护当事人诉讼权利，创新和加强民事审判管理，不断推进民事审判工作规范化建设。

二、关于《案由规定》修改所遵循的原则

一是严格依法原则。本次修改的具体案由均具有实体法

和程序法依据，符合民事诉讼法关于民事案件受案范围的有关规定。

二是必要性原则。本次修改是以保持案由运行体系稳定为前提，对于必须增加、调整的案由作相应修改，尤其是对照民法典的新增制度和重大修改内容，增加、变更部分具体案由，并根据现行立法和司法实践需要完善部分具体案由，对案由编排体系不作大的调整。民法典施行后，最高人民法院将根据工作需要，结合司法实践，继续细化完善民法典新增制度案由，特别是第四级案由。对本次未作修改的部分原有案由，届时一并修改。

三是实用性原则。案由体系是在现行有效的法律规定基础上，充分考虑人民法院民事立案、审判实践以及司法统计的需要而编排的，本次修改更加注重案由的简洁明了、方便实用，既便于当事人进行民事诉讼，也便于人民法院进行民事立案、审判和司法统计工作。

三、关于案由的确定标准

民事案件案由应当依据当事人诉争的民事法律关系的性质来确定。鉴于具体案件中当事人的诉讼请求、争议的焦点可能有多个，争议的标的也可能是多个，为保证案由的高度概括和简洁明了，修改后的《案由规定》仍沿用2011年《案由规定》关于案由的确定标准，即对民事案件案由的表述方式原则上确定为“法律关系性质”加“纠纷”，一般不包含争议焦点、标的物、侵权方式等要素。但是，实践中当事人诉争的民事法律关系的性质具有复杂多变性，单纯按照法律关系标准去划分案由体系的做法难以更好地满足民事审判实践的需要，难以更好地满足司法统计的需要。为此，修改后的《案由规定》在坚持以法律关系性质作为确定案由的主要标准的同时，对少部分案由也依据请求权、形成权或者确认之诉、形成之诉等其他标准进行确定，对少部分案由的表述也包含了争议焦点、标的物、侵权方式等要素。另外，为了与行政案件案由进行明显区分，本次修改还对个别案由的表述进行了特殊处理。

对民事诉讼法规定的适用特别程序、督促程序、公示催告程序、公司清算、破产程序等非讼程序审理的案件案由，根据当事人的诉讼请求予以直接表述；对公益诉讼、第三人撤销之诉、执行程序中的异议之诉等特殊诉讼程序案件的案由，根据修改后民事诉讼法规定的诉讼制度予以直接表述。

四、关于案由体系的总体编排

1.关于案由纵向和横向体系的编排设置。修改后的《案由规定》以民法学理论对民事法律关系的分类为基础，以法律关系的内容即民事权利类型来编排案由的纵向体系。在纵向体系上，结合民法典、民事诉讼法等民事立法及审判实践，将案由的编排体系划分为人格权纠纷，婚姻家庭、继承纠纷，物权纠纷，合同、准合同纠纷，劳动争议与人事争议，知识产权与竞争纠纷，海事海商纠纷，与公司、证券、保险、票据等有关的民事纠纷，侵权责任纠纷，非讼程序案件案由，特殊诉讼程序案件案由，共计十一大部分，作为第一级案由。

在横向体系上，通过总分式四级结构的设计，实现案由从高级（概括）到低级（具体）的演进。如物权纠纷（第一级案由）→所有权纠纷（第二级案由）→建筑物区分所有权纠纷（第三级案由）→业主专有权纠纷（第四级案由）。在第一级案由项下，细分为五十四类案由，作为第二级案由（以大写数字表示）；在第二级案由项下列出了 473 个案由，作为第三级案由（以阿拉伯数字表示）。第三级案由是司法实践中最常见和广泛使用的案由。基于审判工作指导、调研和司法统计的需要，在部分第三级案由项下又列出了 391 个第四级案由（以阿拉伯数字加（ ）表示）。基于民事法律关系的复杂性，不可能穷尽所有第四级案由，目前所列的第四级案由只是一些典型的、常见的或者为了司法统计需要而设立的案由。

修改后的《案由规定》采用纵向十一个部分、横向四级结构的编排设置，形成了网状结构体系，基本涵盖了民法典所涉及的民事纠纷案件类型以及人民法院当前受理的民事纠纷案件类型，有利于贯彻落实民法典等民事法律关于民事权益保护的相关规定。

2. 关于物权纠纷案由与合同纠纷案由的编排设置。修改后的《案由规定》仍然沿用 2011 年《案由规定》关于物权纠纷案由与合同纠纷案由的编排体系。按照物权变动原因与结果相区分的原则，对于涉及物权变动的原因，即债权性质的合同关系引发的纠纷案件的案由，修改后的《案由规定》将其放在合同纠纷项下；对于涉及物权变动的结果，即物权设立、权属、效力、使用、收益等物权关系产生的纠纷案件的案由，修改后的《案由规定》将其放在物权纠纷项下。前者如第三级案由“居住权合同纠纷”列在第二级案由“合同纠纷”项下；后者如第三级案由“居住权纠纷”列在第二级案由“物权纠纷”项下。

具体适用时，人民法院应根据当事人诉争的法律关系的性质，查明该法律关系涉及的是物权变动的原因关系还是物权变动的结果关系，以正确确定案由。当事人诉争的法律关系性质涉及物权变动原因的，即因债权性质的合同关系引发的纠纷案件，应当选择适用第二级案由“合同纠纷”项下的案由，如“居住权合同纠纷”案由；当事人诉争的法律关系性质涉及物权变动结果的，即因物权设立、权属、效力、使用、收益等物权关系引发的纠纷案件，应当选择第二级案由“物权纠纷”项下的案由，如“居住权纠纷”案由。

3. 关于第三部分“物权纠纷”项下“物权保护纠纷”案由与“所有权纠纷”“用益物权纠纷”“担保物权纠纷”案由的编排设置。修改后的《案由规定》仍然沿用2011年《案由规定》关于物权纠纷案由的编排设置。“所有权纠纷”“用益物权纠纷”“担保物权纠纷”案由既包括以上三种类型的物权确认纠纷案由，也包括以上三种类型的侵害物权纠纷案由。民法典物权编第三章“物权的保护”所规定的物权请求权或者债权请求权保护方法，即“物权保护纠纷”，在修改后的《案由规定》列举的每个物权类型（第三级案由）项下都可能部分或者全部适用，多数都可以作为第四级案由列举，但为避免使整个案由体系冗长繁杂，在各第三级案由下并未一一列出。实践中需要确定具体个案案由时，如果当事人的诉讼请求只涉及“物权保护纠纷”项下的一种物权请求权或者债权请求权，则可以选择适用“物权保护纠纷”项下的六种第三级案由；如果当事人的诉讼请求涉及“物权保护纠纷”项下的两种或者两种以上物权请求权或者债权请求权，则应按照所保护的权利种类，选择适用“所有权纠纷”“用益物权纠纷”“担保物权纠纷”项下的第三级案由（各种物权类型纠纷）。

4. 关于侵权责任纠纷案由的编排设置。修改后的《案由规定》仍然沿用2011年《案由规定》关于侵权责任纠纷案由与其他第一级案由的编排设置。根据民法典侵权责任编的相关规定，该编的保护对象为民事权益，具体范围是民法典总则编第五章所规定的人身、财产权益。这些民事权益，又分别在人格权编、物权编、婚姻家庭编、继承编等予以了细化规定，而这些民事权益纠纷往往既包括权属确认纠纷也包括侵权责任纠纷，这就为科学合理编排民事案件案由体系增加了难度。为了保持整个案由体系的完整性和稳定性，尽可能避免重复交叉，修改后的《案由规定》将这些侵害民事权益侵权责任纠纷案由仍旧分别保留在“人格权纠纷”“婚姻家庭、继承纠纷”“物权纠纷”“知识产权与竞争纠纷”等第一级案由体系项下，对照侵权责任编新规定调整第一级案由“侵权责任纠纷”项下案由；同时，将一些实践中常见的、其他第一级案由不便列出的侵权责任纠纷案由也列在第一级案由“侵权责任纠纷”项下，如“非机动车交通事故责任纠纷”。从“兜底”考虑，修改后的《案由规定》将第一级案由“侵权责任纠纷”列在其他八个民事权益纠纷类型之后，作为第九部分。

具体适用时，涉及侵权责任纠纷的，为明确和统一法律适用问题，应当先适用第九部分“侵权责任纠纷”项下根据侵权责任编相关规定列出的具体案由；没有相应案由的，再适用“人格权纠纷”“物权纠纷”“知识产权与竞争纠纷”等其他部分项下的具体案由。如环境污染、高度危险行为均可能造成人身损害和财产损害，确定案由时，应当适用第九部分“侵权责任纠纷”项下“环境污染责任纠纷”“高度危险责任纠纷”案由，而不应适用第一部分“人格权纠纷”项下的“生命权、身体权、健康权纠纷”案由，也不应适用第三部分“物权纠纷”项下的“财产损害赔偿纠纷”案由。

五、适用修改后的《案由规定》应当注意的问题

1. 在案由横向体系上应当按照由低到高的顺序选择适用个案案由。确定个案案由时，应当优先适用第四级案由，没有对应的第四级案由的，适用相应的第三级案由；第三级案由中没有规定的，适用相应的第二级案由；第二级案由没有规定的，适用相应的第一级案由。这样处理，有利于更准确地反映当事人诉争的法律关系的性质，有利于促进分类管理科学化和提高司法统计准确性。

2. 关于个案案由的变更。人民法院在民事立案审查阶段，可以根据原告诉讼请求涉及的法律关系性质，确定相应的个案案由；人民法院受理民事案件后，经审理发现当事人起诉的法律关系与实际诉争的法律关系不一致的，人民法院结案时应当根据法庭查明的当事人之间实际存在的法律关系的性质，相应变更个案案由。当事人在诉讼过程中增加或者变更诉讼请求导致当事人诉争的法律关系发生变更的，人民法院应当相应变更个案案由。

3. 存在多个法律关系时个案案由的确定。同一诉讼中涉及两个以上的法律关系的，应当根据当事人诉争的法律关系的性质确定个案案由；均为诉争的法律关系的，则按诉争的两个以上法律关系并列确定相应的案由。

4. 请求权竞合时个案案由的确定。在请求权竞合的情形下，人民法院应当按照当事人自主选择行使的请求权所涉及的诉争的法律关系的性质，确定相应的案由。

5. 正确认识民事案件案由的性质与功能。案由体系的编排制定是人民法院进行民事审判管理的手段。各级人民法院应当依法保障当事人依照法律规定享有的起诉权利，不得将修改后的《案由规定》等同于民事诉讼法第一百一十九条规定的起诉条件，不得以当事人的诉请在修改后的《案由规定》中没有相应案由可以适用为由，裁定不予受理或者驳回起诉，损害当事人的诉讼权利。

6. 案由体系中的选择性案由（即含有顿号的部分案由）的使用方法。对这些案由，应当根据具体案情，确定相应的个案案由，不应直接将该案由全部引用。如“生命权、身体权、健康权纠纷”案由，应当根据具体侵害对象来确定相应的案由。

本次民事案件案由修改工作主要基于人民法院当前司法实践经验，对照民法典等民事立法修改完善相关具体案由。2021年1月1日民法典施行后，修改后的《案由规定》可能需要对标民法典具体施行情况作进一步调整。地方各级人民法院要密切关注民法典施行后立案审判中遇到的新情况、新问题，重点梳理汇总民法典新增制度项下可以细化规定为第四级案由的新类型案件，及时层报最高人民法院。

民事案件案由规定

（2007年10月29日最高人民法院审判委员会第1438次会议通过　自2008年4月1日起施行　根据2011年2月18日最高人民法院《关于修改〈民事案件案由规定〉的决定》（法〔2011〕41号）第一次修正 根据2020年12月14日最高人民法院审判委员会第1821次会议通过的《最高人民法院关于修改〈民事案件案由规定〉的决定》（法〔2020〕346号）第二次修正）

为了正确适用法律，统一确定案由，根据《中华人民共和国民法典》《中华人民共和国民事诉讼法》等法律规定，结合人民法院民事审判工作实际情况，对民事案件案由规定如下：

第一部分　人格权纠纷

一、人格权纠纷

1. 生命权、身体权、健康权纠纷
2. 姓名权纠纷
3. 名称权纠纷
4. 肖像权纠纷
5. 声音保护纠纷
6. 名誉权纠纷
7. 荣誉权纠纷
8. 隐私权、个人信息保护纠纷

（1）隐私权纠纷

（2）个人信息保护纠纷

9. 婚姻自主权纠纷
10. 人身自由权纠纷
11. 一般人格权纠纷

（1）平等就业权纠纷

第二部分　婚姻家庭、继承纠纷

二、婚姻家庭纠纷

12. 婚约财产纠纷
13. 婚内夫妻财产分割纠纷

14. 离婚纠纷
15. 离婚后财产纠纷
16. 离婚后损害责任纠纷
17. 婚姻无效纠纷
18. 撤销婚姻纠纷
19. 夫妻财产约定纠纷
20. 同居关系纠纷
（1）同居关系析产纠纷
（2）同居关系子女抚养纠纷
21. 亲子关系纠纷
（1）确认亲子关系纠纷
（2）否认亲子关系纠纷
22. 抚养纠纷
（1）抚养费纠纷
（2）变更抚养关系纠纷
23. 扶养纠纷
（1）扶养费纠纷
（2）变更扶养关系纠纷
24. 赡养纠纷
（1）赡养费纠纷
（2）变更赡养关系纠纷
25. 收养关系纠纷
（1）确认收养关系纠纷
（2）解除收养关系纠纷
26. 监护权纠纷

27. 探望权纠纷

28. 分家析产纠纷

三、继承纠纷

29. 法定继承纠纷

（1）转继承纠纷

（2）代位继承纠纷

30. 遗嘱继承纠纷

31. 被继承人债务清偿纠纷

32. 遗赠纠纷

33. 遗赠扶养协议纠纷

34. 遗产管理纠纷

第三部分　物权纠纷

四、不动产登记纠纷

35. 异议登记不当损害责任纠纷

36. 虚假登记损害责任纠纷

五、物权保护纠纷

37. 物权确认纠纷

（1）所有权确认纠纷

（2）用益物权确认纠纷

（3）担保物权确认纠纷

38. 返还原物纠纷

39. 排除妨害纠纷

40. 消除危险纠纷

41. 修理、重作、更换纠纷

42. 恢复原状纠纷

43. 财产损害赔偿纠纷

六、所有权纠纷

44. 侵害集体经济组织成员权益纠纷

45. 建筑物区分所有权纠纷

（1）业主专有权纠纷

（2）业主共有权纠纷

（3）车位纠纷

（4）车库纠纷

46. 业主撤销权纠纷

47. 业主知情权纠纷

48. 遗失物返还纠纷

49. 漂流物返还纠纷

50. 埋藏物返还纠纷

51. 隐藏物返还纠纷

52. 添附物归属纠纷

53. 相邻关系纠纷

（1）相邻用水、排水纠纷

（2）相邻通行纠纷

（3）相邻土地、建筑物利用关系纠纷

（4）相邻通风纠纷

（5）相邻采光、日照纠纷

（6）相邻污染侵害纠纷

（7）相邻损害防免关系纠纷

54. 共有纠纷

（1）共有权确认纠纷

（2）共有物分割纠纷

（3）共有人优先购买权纠纷

（4）债权人代位析产纠纷

七、用益物权纠纷

55. 海域使用权纠纷

56. 探矿权纠纷

57. 采矿权纠纷

58. 取水权纠纷

59. 养殖权纠纷

60. 捕捞权纠纷

61. 土地承包经营权纠纷

（1）土地承包经营权确认纠纷

（2）承包地征收补偿费用分配纠纷

（3）土地承包经营权继承纠纷

62. 土地经营权纠纷

63. 建设用地使用权纠纷

64. 宅基地使用权纠纷

65. 居住权纠纷

66. 地役权纠纷

八、担保物权纠纷

67. 抵押权纠纷

（1）建筑物和其他土地附着物抵押权纠纷

（2）在建建筑物抵押权纠纷

（3）建设用地使用权抵押权纠纷

（4）土地经营权抵押权纠纷

（5）探矿权抵押权纠纷

（6）采矿权抵押权纠纷

（7）海域使用权抵押权纠纷

（8）动产抵押权纠纷

（9）在建船舶、航空器抵押权纠纷

（10）动产浮动抵押权纠纷

（11）最高额抵押权纠纷

68. 质权纠纷

（1）动产质权纠纷

（2）转质权纠纷

（3）最高额质权纠纷

（4）票据质权纠纷

（5）债券质权纠纷

（6）存单质权纠纷

（7）仓单质权纠纷

（8）提单质权纠纷

（9）股权质权纠纷

（10）基金份额质权纠纷

（11）知识产权质权纠纷

（12）应收账款质权纠纷

69. 留置权纠纷

九、占有保护纠纷

70. 占有物返还纠纷

71. 占有排除妨害纠纷
72. 占有消除危险纠纷
73. 占有物损害赔偿纠纷

第四部分　合同、准合同纠纷

十、合同纠纷

74. 缔约过失责任纠纷
75. 预约合同纠纷
76. 确认合同效力纠纷
（1）确认合同有效纠纷
（2）确认合同无效纠纷
77. 债权人代位权纠纷
78. 债权人撤销权纠纷
79. 债权转让合同纠纷
80. 债务转移合同纠纷
81. 债权债务概括转移合同纠纷
82. 债务加入纠纷
83. 悬赏广告纠纷
84. 买卖合同纠纷
（1）分期付款买卖合同纠纷
（2）凭样品买卖合同纠纷
（3）试用买卖合同纠纷
（4）所有权保留买卖合同纠纷
（5）招标投标买卖合同纠纷

（6）互易纠纷

（7）国际货物买卖合同纠纷

（8）信息网络买卖合同纠纷

85. 拍卖合同纠纷

86. 建设用地使用权合同纠纷

（1）建设用地使用权出让合同纠纷

（2）建设用地使用权转让合同纠纷

87. 临时用地合同纠纷

88. 探矿权转让合同纠纷

89. 采矿权转让合同纠纷

90. 房地产开发经营合同纠纷

（1）委托代建合同纠纷

（2）合资、合作开发房地产合同纠纷

（3）项目转让合同纠纷

91. 房屋买卖合同纠纷

（1）商品房预约合同纠纷

（2）商品房预售合同纠纷

（3）商品房销售合同纠纷

（4）商品房委托代理销售合同纠纷

（5）经济适用房转让合同纠纷

（6）农村房屋买卖合同纠纷

92. 民事主体间房屋拆迁补偿合同纠纷

93. 供用电合同纠纷

94. 供用水合同纠纷

95. 供用气合同纠纷

96. 供用热力合同纠纷
97. 排污权交易纠纷
98. 用能权交易纠纷
99. 用水权交易纠纷
100. 碳排放权交易纠纷
101. 碳汇交易纠纷
102. 赠与合同纠纷
（1）公益事业捐赠合同纠纷
（2）附义务赠与合同纠纷
103. 借款合同纠纷
（1）金融借款合同纠纷
（2）同业拆借纠纷
（3）民间借贷纠纷
（4）小额借款合同纠纷
（5）金融不良债权转让合同纠纷
（6）金融不良债权追偿纠纷
104. 保证合同纠纷
105. 抵押合同纠纷
106. 质押合同纠纷
107. 定金合同纠纷
108. 进出口押汇纠纷
109. 储蓄存款合同纠纷
110. 银行卡纠纷
（1）借记卡纠纷
（2）信用卡纠纷

111. 租赁合同纠纷
（1）土地租赁合同纠纷
（2）房屋租赁合同纠纷
（3）车辆租赁合同纠纷
（4）建筑设备租赁合同纠纷
112. 融资租赁合同纠纷
113. 保理合同纠纷
114. 承揽合同纠纷
（1）加工合同纠纷
（2）定作合同纠纷
（3）修理合同纠纷
（4）复制合同纠纷
（5）测试合同纠纷
（6）检验合同纠纷
（7）铁路机车、车辆建造合同纠纷
115. 建设工程合同纠纷
（1）建设工程勘察合同纠纷
（2）建设工程设计合同纠纷
（3）建设工程施工合同纠纷
（4）建设工程价款优先受偿权纠纷
（5）建设工程分包合同纠纷
（6）建设工程监理合同纠纷
（7）装饰装修合同纠纷
（8）铁路修建合同纠纷
（9）农村建房施工合同纠纷

116. 运输合同纠纷

（1）公路旅客运输合同纠纷

（2）公路货物运输合同纠纷

（3）水路旅客运输合同纠纷

（4）水路货物运输合同纠纷

（5）航空旅客运输合同纠纷

（6）航空货物运输合同纠纷

（7）出租汽车运输合同纠纷

（8）管道运输合同纠纷

（9）城市公交运输合同纠纷

（10）联合运输合同纠纷

（11）多式联运合同纠纷

（12）铁路货物运输合同纠纷

（13）铁路旅客运输合同纠纷

（14）铁路行李运输合同纠纷

（15）铁路包裹运输合同纠纷

（16）国际铁路联运合同纠纷

117. 保管合同纠纷

118. 仓储合同纠纷

119. 委托合同纠纷

（1）进出口代理合同纠纷

（2）货运代理合同纠纷

（3）民用航空运输销售代理合同纠纷

（4）诉讼、仲裁、人民调解代理合同纠纷

（5）销售代理合同纠纷

120. 委托理财合同纠纷
（1）金融委托理财合同纠纷
（2）民间委托理财合同纠纷
121. 物业服务合同纠纷
122. 行纪合同纠纷
123. 中介合同纠纷
124. 补偿贸易纠纷
125. 借用合同纠纷
126. 典当纠纷
127. 合伙合同纠纷
128. 种植、养殖回收合同纠纷
129. 彩票、奖券纠纷
130. 中外合作勘探开发自然资源合同纠纷
131. 农业承包合同纠纷
132. 林业承包合同纠纷
133. 渔业承包合同纠纷
134. 牧业承包合同纠纷
135. 土地承包经营权合同纠纷
（1）土地承包经营权转让合同纠纷
（2）土地承包经营权互换合同纠纷
（3）土地经营权入股合同纠纷
（4）土地经营权抵押合同纠纷
（5）土地经营权出租合同纠纷
136. 居住权合同纠纷
137. 服务合同纠纷

（1）电信服务合同纠纷

（2）邮政服务合同纠纷

（3）快递服务合同纠纷

（4）医疗服务合同纠纷

（5）法律服务合同纠纷

（6）旅游合同纠纷

（7）房地产咨询合同纠纷

（8）房地产价格评估合同纠纷

（9）旅店服务合同纠纷

（10）财会服务合同纠纷

（11）餐饮服务合同纠纷

（12）娱乐服务合同纠纷

（13）有线电视服务合同纠纷

（14）网络服务合同纠纷

（15）教育培训合同纠纷

（16）家政服务合同纠纷

（17）庆典服务合同纠纷

（18）殡葬服务合同纠纷

（19）农业技术服务合同纠纷

（20）农机作业服务合同纠纷

（21）保安服务合同纠纷

（22）银行结算合同纠纷

138. 演出合同纠纷

139. 劳务合同纠纷

140. 离退休人员返聘合同纠纷

141. 广告合同纠纷

142. 展览合同纠纷

143. 追偿权纠纷

十一、不当得利纠纷

144. 不当得利纠纷

十二、无因管理纠纷

145. 无因管理纠纷

第五部分　知识产权与竞争纠纷

十三、知识产权合同纠纷

146. 著作权合同纠纷

（1）委托创作合同纠纷

（2）合作创作合同纠纷

（3）著作权转让合同纠纷

（4）著作权许可使用合同纠纷

（5）出版合同纠纷

（6）表演合同纠纷

（7）音像制品制作合同纠纷

（8）广播电视播放合同纠纷

（9）邻接权转让合同纠纷

（10）邻接权许可使用合同纠纷

（11）计算机软件开发合同纠纷

（12）计算机软件著作权转让合同纠纷

（13）计算机软件著作权许可使用合同纠纷

147. 商标合同纠纷

（1）商标权转让合同纠纷

（2）商标使用许可合同纠纷

（3）商标代理合同纠纷

148. 专利合同纠纷

（1）专利申请权转让合同纠纷

（2）专利权转让合同纠纷

（3）发明专利实施许可合同纠纷

（4）实用新型专利实施许可合同纠纷

（5）外观设计专利实施许可合同纠纷

（6）专利代理合同纠纷

149. 植物新品种合同纠纷

（1）植物新品种育种合同纠纷

（2）植物新品种申请权转让合同纠纷

（3）植物新品种权转让合同纠纷

（4）植物新品种实施许可合同纠纷

150. 集成电路布图设计合同纠纷

（1）集成电路布图设计创作合同纠纷

（2）集成电路布图设计专有权转让合同纠纷

（3）集成电路布图设计许可使用合同纠纷

151. 商业秘密合同纠纷

（1）技术秘密让与合同纠纷

（2）技术秘密许可使用合同纠纷

（3）经营秘密让与合同纠纷

（4）经营秘密许可使用合同纠纷

152. 技术合同纠纷

（1）技术委托开发合同纠纷

（2）技术合作开发合同纠纷

（3）技术转化合同纠纷

（4）技术转让合同纠纷

（5）技术许可合同纠纷

（6）技术咨询合同纠纷

（7）技术服务合同纠纷

（8）技术培训合同纠纷

（9）技术中介合同纠纷

（10）技术进口合同纠纷

（11）技术出口合同纠纷

（12）职务技术成果完成人奖励、报酬纠纷

（13）技术成果完成人署名权、荣誉权、奖励权纠纷

153. 特许经营合同纠纷

154. 企业名称（商号）合同纠纷

（1）企业名称（商号）转让合同纠纷

（2）企业名称（商号）使用合同纠纷

155. 特殊标志合同纠纷

156. 网络域名合同纠纷

（1）网络域名注册合同纠纷

（2）网络域名转让合同纠纷

（3）网络域名许可使用合同纠纷

157. 知识产权质押合同纠纷

十四、知识产权权属、侵权纠纷

158. 著作权权属、侵权纠纷

（1）著作权权属纠纷

（2）侵害作品发表权纠纷

（3）侵害作品署名权纠纷

（4）侵害作品修改权纠纷

（5）侵害保护作品完整权纠纷

（6）侵害作品复制权纠纷

（7）侵害作品发行权纠纷

（8）侵害作品出租权纠纷

（9）侵害作品展览权纠纷

（10）侵害作品表演权纠纷

（11）侵害作品放映权纠纷

（12）侵害作品广播权纠纷

（13）侵害作品信息网络传播权纠纷

（14）侵害作品摄制权纠纷

（15）侵害作品改编权纠纷

（16）侵害作品翻译权纠纷

（17）侵害作品汇编权纠纷

（18）侵害其他著作财产权纠纷

（19）出版者权权属纠纷

（20）表演者权权属纠纷

（21）录音录像制作者权权属纠纷

（22）广播组织权权属纠纷

（23）侵害出版者权纠纷

（24）侵害表演者权纠纷
（25）侵害录音录像制作者权纠纷
（26）侵害广播组织权纠纷
（27）计算机软件著作权权属纠纷
（28）侵害计算机软件著作权纠纷
159. 商标权权属、侵权纠纷
（1）商标权权属纠纷
（2）侵害商标权纠纷
160. 专利权权属、侵权纠纷
（1）专利申请权权属纠纷
（2）专利权权属纠纷
（3）侵害发明专利权纠纷
（4）侵害实用新型专利权纠纷
（5）侵害外观设计专利权纠纷
（6）假冒他人专利纠纷
（7）发明专利临时保护期使用费纠纷
（8）职务发明创造发明人、设计人奖励、报酬纠纷
（9）发明创造发明人、设计人署名权纠纷
（10）标准必要专利使用费纠纷
161. 植物新品种权权属、侵权纠纷
（1）植物新品种申请权权属纠纷
（2）植物新品种权权属纠纷
（3）侵害植物新品种权纠纷
（4）植物新品种临时保护期使用费纠纷
162. 集成电路布图设计专有权权属、侵权纠纷

（1）集成电路布图设计专有权权属纠纷

（2）侵害集成电路布图设计专有权纠纷

163. 侵害企业名称（商号）权纠纷

164. 侵害特殊标志专有权纠纷

165. 网络域名权属、侵权纠纷

（1）网络域名权属纠纷

（2）侵害网络域名纠纷

166. 发现权纠纷

167. 发明权纠纷

168. 其他科技成果权纠纷

169. 确认不侵害知识产权纠纷

（1）确认不侵害专利权纠纷

（2）确认不侵害商标权纠纷

（3）确认不侵害著作权纠纷

（4）确认不侵害植物新品种权纠纷

（5）确认不侵害集成电路布图设计专用权纠纷

（6）确认不侵害计算机软件著作权纠纷

170. 因申请知识产权临时措施损害责任纠纷

（1）因申请诉前停止侵害专利权损害责任纠纷

（2）因申请诉前停止侵害注册商标专用权损害责任纠纷

（3）因申请诉前停止侵害著作权损害责任纠纷

（4）因申请诉前停止侵害植物新品种权损害责任纠纷

（5）因申请海关知识产权保护措施损害责任纠纷

（6）因申请诉前停止侵害计算机软件著作权损害责任纠纷

（7）因申请诉前停止侵害集成电路布图设计专用权损害

责任纠纷

171. 因恶意提起知识产权诉讼损害责任纠纷

172. 专利权宣告无效后返还费用纠纷

十五、不正当竞争纠纷

173. 仿冒纠纷

（1）擅自使用与他人有一定影响的商品名称、包装、装潢等相同或者近似的标识纠纷

（2）擅自使用他人有一定影响的企业名称、社会组织名称、姓名纠纷

（3）擅自使用他人有一定影响的域名主体部分、网站名称、网页纠纷

174. 商业贿赂不正当竞争纠纷

175. 虚假宣传纠纷

176. 侵害商业秘密纠纷

（1）侵害技术秘密纠纷

（2）侵害经营秘密纠纷

177. 低价倾销不正当竞争纠纷

178. 捆绑销售不正当竞争纠纷

179. 有奖销售纠纷

180. 商业诋毁纠纷

181. 串通投标不正当竞争纠纷

182. 网络不正当竞争纠纷

十六、垄断纠纷

183. 垄断协议纠纷

（1）横向垄断协议纠纷

（2）纵向垄断协议纠纷

184. 滥用市场支配地位纠纷

（1）垄断定价纠纷

（2）掠夺定价纠纷

（3）拒绝交易纠纷

（4）限定交易纠纷

（5）捆绑交易纠纷

（6）差别待遇纠纷

185. 经营者集中纠纷

第六部分　劳动争议、人事争议

十七、劳动争议

186. 劳动合同纠纷

（1）确认劳动关系纠纷

（2）集体合同纠纷

（3）劳务派遣合同纠纷

（4）非全日制用工纠纷

（5）追索劳动报酬纠纷

（6）经济补偿金纠纷

（7）竞业限制纠纷

187. 社会保险纠纷

（1）养老保险待遇纠纷

（2）工伤保险待遇纠纷

（3）医疗保险待遇纠纷

（4）生育保险待遇纠纷

（5）失业保险待遇纠纷

188. 福利待遇纠纷

十八、人事争议

189. 聘用合同纠纷

190. 聘任合同纠纷

191. 辞职纠纷

192. 辞退纠纷

第七部分　海事海商纠纷

十九、海事海商纠纷

193. 船舶碰撞损害责任纠纷

194. 船舶触碰损害责任纠纷

195. 船舶损坏空中设施、水下设施损害责任纠纷

196. 船舶污染损害责任纠纷

197. 海上、通海水域污染损害责任纠纷

198. 海上、通海水域养殖损害责任纠纷

199. 海上、通海水域财产损害责任纠纷

200. 海上、通海水域人身损害责任纠纷

201. 非法留置船舶、船载货物、船用燃油、船用物料损害责任纠纷

202. 海上、通海水域货物运输合同纠纷

203. 海上、通海水域旅客运输合同纠纷

204. 海上、通海水域行李运输合同纠纷

205. 船舶经营管理合同纠纷
206. 船舶买卖合同纠纷
207. 船舶建造合同纠纷
208. 船舶修理合同纠纷
209. 船舶改建合同纠纷
210. 船舶拆解合同纠纷
211. 船舶抵押合同纠纷
212. 航次租船合同纠纷
213. 船舶租用合同纠纷
（1）定期租船合同纠纷
（2）光船租赁合同纠纷
214. 船舶融资租赁合同纠纷
215. 海上、通海水域运输船舶承包合同纠纷
216. 渔船承包合同纠纷
217. 船舶属具租赁合同纠纷
218. 船舶属具保管合同纠纷
219. 海运集装箱租赁合同纠纷
220. 海运集装箱保管合同纠纷
221. 港口货物保管合同纠纷
222. 船舶代理合同纠纷
223. 海上、通海水域货运代理合同纠纷
224. 理货合同纠纷
225. 船舶物料和备品供应合同纠纷
226. 船员劳务合同纠纷
227. 海难救助合同纠纷

228. 海上、通海水域打捞合同纠纷
229. 海上、通海水域拖航合同纠纷
230. 海上、通海水域保险合同纠纷
231. 海上、通海水域保赔合同纠纷
232. 海上、通海水域运输联营合同纠纷
233. 船舶营运借款合同纠纷
234. 海事担保合同纠纷
235. 航道、港口疏浚合同纠纷
236. 船坞、码头建造合同纠纷
237. 船舶检验合同纠纷
238. 海事请求担保纠纷
239. 海上、通海水域运输重大责任事故责任纠纷
240. 港口作业重大责任事故责任纠纷
241. 港口作业纠纷
242. 共同海损纠纷
243. 海洋开发利用纠纷
244. 船舶共有纠纷
245. 船舶权属纠纷
246. 海运欺诈纠纷
247. 海事债权确权纠纷

第八部分　与公司、证券、保险、票据等有关的民事纠纷

二十、与企业有关的纠纷

248. 企业出资人权益确认纠纷
249. 侵害企业出资人权益纠纷
250. 企业公司制改造合同纠纷
251. 企业股份合作制改造合同纠纷
252. 企业债权转股权合同纠纷
253. 企业分立合同纠纷
254. 企业租赁经营合同纠纷
255. 企业出售合同纠纷
256. 挂靠经营合同纠纷
257. 企业兼并合同纠纷
258. 联营合同纠纷
259. 企业承包经营合同纠纷

（1）中外合资经营企业承包经营合同纠纷

（2）中外合作经营企业承包经营合同纠纷

（3）外商独资企业承包经营合同纠纷

（4）乡镇企业承包经营合同纠纷

260. 中外合资经营企业合同纠纷
261. 中外合作经营企业合同纠纷

二十一、与公司有关的纠纷

262. 股东资格确认纠纷
263. 股东名册记载纠纷

264. 请求变更公司登记纠纷
265. 股东出资纠纷
266. 新增资本认购纠纷
267. 股东知情权纠纷
268. 请求公司收购股份纠纷
269. 股权转让纠纷
270. 公司决议纠纷
（1）公司决议效力确认纠纷
（2）公司决议撤销纠纷
271. 公司设立纠纷
272. 公司证照返还纠纷
273. 发起人责任纠纷
274. 公司盈余分配纠纷
275. 损害股东利益责任纠纷
276. 损害公司利益责任纠纷
277. 损害公司债权人利益责任纠纷
（1）股东损害公司债权人利益责任纠纷
（2）实际控制人损害公司债权人利益责任纠纷
278. 公司关联交易损害责任纠纷
279. 公司合并纠纷
280. 公司分立纠纷
281. 公司减资纠纷
282. 公司增资纠纷
283. 公司解散纠纷
284. 清算责任纠纷

285. 上市公司收购纠纷

二十二、合伙企业纠纷

286. 入伙纠纷

287. 退伙纠纷

288. 合伙企业财产份额转让纠纷

二十三、与破产有关的纠纷

289. 请求撤销个别清偿行为纠纷

290. 请求确认债务人行为无效纠纷

291. 对外追收债权纠纷

292. 追收未缴出资纠纷

293. 追收抽逃出资纠纷

294. 追收非正常收入纠纷

295. 破产债权确认纠纷

（1）职工破产债权确认纠纷

（2）普通破产债权确认纠纷

296. 取回权纠纷

（1）一般取回权纠纷

（2）出卖人取回权纠纷

297. 破产抵销权纠纷

298. 别除权纠纷

299. 破产撤销权纠纷

300. 损害债务人利益赔偿纠纷

301. 管理人责任纠纷

二十四、证券纠纷

302. 证券权利确认纠纷

（1）股票权利确认纠纷
（2）公司债券权利确认纠纷
（3）国债权利确认纠纷
（4）证券投资基金权利确认纠纷
303. 证券交易合同纠纷
（1）股票交易纠纷
（2）公司债券交易纠纷
（3）国债交易纠纷
（4）证券投资基金交易纠纷
304. 金融衍生品种交易纠纷
305. 证券承销合同纠纷
（1）证券代销合同纠纷
（2）证券包销合同纠纷
306. 证券投资咨询纠纷
307. 证券资信评级服务合同纠纷
308. 证券回购合同纠纷
（1）股票回购合同纠纷
（2）国债回购合同纠纷
（3）公司债券回购合同纠纷
（4）证券投资基金回购合同纠纷
（5）质押式证券回购纠纷
309. 证券上市合同纠纷
310. 证券交易代理合同纠纷
311. 证券上市保荐合同纠纷
312. 证券发行纠纷

（1）证券认购纠纷

（2）证券发行失败纠纷

313. 证券返还纠纷

314. 证券欺诈责任纠纷

（1）证券内幕交易责任纠纷

（2）操纵证券交易市场责任纠纷

（3）证券虚假陈述责任纠纷

（4）欺诈客户责任纠纷

315. 证券托管纠纷

316. 证券登记、存管、结算纠纷

317. 融资融券交易纠纷

318. 客户交易结算资金纠纷

二十五、期货交易纠纷

319. 期货经纪合同纠纷

320. 期货透支交易纠纷

321. 期货强行平仓纠纷

322. 期货实物交割纠纷

323. 期货保证合约纠纷

324. 期货交易代理合同纠纷

325. 侵占期货交易保证金纠纷

326. 期货欺诈责任纠纷

327. 操纵期货交易市场责任纠纷

328. 期货内幕交易责任纠纷

329. 期货虚假信息责任纠纷

二十六、信托纠纷

330. 民事信托纠纷

331. 营业信托纠纷

332. 公益信托纠纷

二十七、保险纠纷

333. 财产保险合同纠纷

（1）财产损失保险合同纠纷

（2）责任保险合同纠纷

（3）信用保险合同纠纷

（4）保证保险合同纠纷

（5）保险人代位求偿权纠纷

334. 人身保险合同纠纷

（1）人寿保险合同纠纷

（2）意外伤害保险合同纠纷

（3）健康保险合同纠纷

335. 再保险合同纠纷

336. 保险经纪合同纠纷

337. 保险代理合同纠纷

338. 进出口信用保险合同纠纷

339. 保险费纠纷

二十八、票据纠纷

340. 票据付款请求权纠纷

341. 票据追索权纠纷

342. 票据交付请求权纠纷

343. 票据返还请求权纠纷

344. 票据损害责任纠纷
345. 票据利益返还请求权纠纷
346. 汇票回单签发请求权纠纷
347. 票据保证纠纷
348. 确认票据无效纠纷
349. 票据代理纠纷
350. 票据回购纠纷

二十九、信用证纠纷

351. 委托开立信用证纠纷
352. 信用证开证纠纷
353. 信用证议付纠纷
354. 信用证欺诈纠纷
355. 信用证融资纠纷
356. 信用证转让纠纷

三十、独立保函纠纷

357. 独立保函开立纠纷
358. 独立保函付款纠纷
359. 独立保函追偿纠纷
360. 独立保函欺诈纠纷
361. 独立保函转让纠纷
362. 独立保函通知纠纷
363. 独立保函撤销纠纷

第九部分　侵权责任纠纷

三十一、侵权责任纠纷

364. 监护人责任纠纷
365. 用人单位责任纠纷
366. 劳务派遣工作人员侵权责任纠纷
367. 提供劳务者致害责任纠纷
368. 提供劳务者受害责任纠纷
369. 网络侵权责任纠纷

（1）网络侵害虚拟财产纠纷

370. 违反安全保障义务责任纠纷

（1）经营场所、公共场所的经营者、管理者责任纠纷

（2）群众性活动组织者责任纠纷

371. 教育机构责任纠纷
372. 性骚扰损害责任纠纷
373. 产品责任纠纷

（1）产品生产者责任纠纷

（2）产品销售者责任纠纷

（3）产品运输者责任纠纷

（4）产品仓储者责任纠纷

374. 机动车交通事故责任纠纷
375. 非机动车交通事故责任纠纷
376. 医疗损害责任纠纷

（1）侵害患者知情同意权责任纠纷

（2）医疗产品责任纠纷

377. 环境污染责任纠纷
（1）大气污染责任纠纷
（2）水污染责任纠纷
（3）土壤污染责任纠纷
（4）电子废物污染责任纠纷
（5）固体废物污染责任纠纷
（6）噪声污染责任纠纷
（7）光污染责任纠纷
（8）放射性污染责任纠纷
378. 生态破坏责任纠纷
379. 高度危险责任纠纷
（1）民用核设施、核材料损害责任纠纷
（2）民用航空器损害责任纠纷
（3）占有、使用高度危险物损害责任纠纷
（4）高度危险活动损害责任纠纷
（5）遗失、抛弃高度危险物损害责任纠纷
（6）非法占有高度危险物损害责任纠纷
380. 饲养动物损害责任纠纷
381. 建筑物和物件损害责任纠纷
（1）物件脱落、坠落损害责任纠纷
（2）建筑物、构筑物倒塌、塌陷损害责任纠纷
（3）高空抛物、坠物损害责任纠纷
（4）堆放物倒塌、滚落、滑落损害责任纠纷
（5）公共道路妨碍通行损害责任纠纷
（6）林木折断、倾倒、果实坠落损害责任纠纷

（7）地面施工、地下设施损害责任纠纷

382. 触电人身损害责任纠纷

383. 义务帮工人受害责任纠纷

384. 见义勇为人受害责任纠纷

385. 公证损害责任纠纷

386. 防卫过当损害责任纠纷

387. 紧急避险损害责任纠纷

388. 驻香港、澳门特别行政区军人执行职务侵权责任纠纷

389. 铁路运输损害责任纠纷

（1）铁路运输人身损害责任纠纷

（2）铁路运输财产损害责任纠纷

390. 水上运输损害责任纠纷

（1）水上运输人身损害责任纠纷

（2）水上运输财产损害责任纠纷

391. 航空运输损害责任纠纷

（1）航空运输人身损害责任纠纷

（2）航空运输财产损害责任纠纷

392. 因申请财产保全损害责任纠纷

393. 因申请行为保全损害责任纠纷

394. 因申请证据保全损害责任纠纷

395. 因申请先予执行损害责任纠纷

第十部分　非讼程序案件案由

三十二、选民资格案件

396. 申请确定选民资格

三十三、宣告失踪、宣告死亡案件

397. 申请宣告自然人失踪

398. 申请撤销宣告失踪判决

399. 申请为失踪人财产指定、变更代管人

400. 申请宣告自然人死亡

401. 申请撤销宣告自然人死亡判决

三十四、认定自然人无民事行为能力、限制民事行为能力案件

402. 申请宣告自然人无民事行为能力

403. 申请宣告自然人限制民事行为能力

404. 申请宣告自然人恢复限制民事行为能力

405. 申请宣告自然人恢复完全民事行为能力

三十五、指定遗产管理人案件

406. 申请指定遗产管理人

三十六、认定财产无主案件

407. 申请认定财产无主

408. 申请撤销认定财产无主判决

三十七、确认调解协议案件

409. 申请司法确认调解协议

410. 申请撤销确认调解协议裁定

三十八、实现担保物权案件

411. 申请实现担保物权

412. 申请撤销准许实现担保物权裁定

三十九、监护权特别程序案件

413. 申请确定监护人

414. 申请指定监护人

415. 申请变更监护人

416. 申请撤销监护人资格

417. 申请恢复监护人资格

四十、督促程序案件

418. 申请支付令

四十一、公示催告程序案件

419. 申请公示催告

四十二、公司清算案件

420. 申请公司清算

四十三、破产程序案件

421. 申请破产清算

422. 申请破产重整

423. 申请破产和解

424. 申请对破产财产追加分配

四十四、申请诉前停止侵害知识产权案件

425. 申请诉前停止侵害专利权

426. 申请诉前停止侵害注册商标专用权

427. 申请诉前停止侵害著作权

428. 申请诉前停止侵害植物新品种权

429. 申请诉前停止侵害计算机软件著作权

430. 申请诉前停止侵害集成电路布图设计专用权

四十五、申请保全案件

431. 申请诉前财产保全

432. 申请诉前行为保全

433. 申请诉前证据保全

434. 申请仲裁前财产保全

435. 申请仲裁前行为保全

436. 申请仲裁前证据保全

437. 仲裁程序中的财产保全

438. 仲裁程序中的证据保全

439. 申请执行前财产保全

440. 申请中止支付信用证项下款项

441. 申请中止支付保函项下款项

四十六、申请人身安全保护令案件

442. 申请人身安全保护令

四十七、申请人格权侵害禁令案件

443. 申请人格权侵害禁令

四十八、仲裁程序案件

444. 申请确认仲裁协议效力

445. 申请撤销仲裁裁决

四十九、海事诉讼特别程序案件

446. 申请海事请求保全

（1）申请扣押船舶

（2）申请拍卖扣押船舶

（3）申请扣押船载货物

（4）申请拍卖扣押船载货物

（5）申请扣押船用燃油及船用物料

（6）申请拍卖扣押船用燃油及船用物料

447. 申请海事支付令

448. 申请海事强制令

449. 申请海事证据保全

450. 申请设立海事赔偿责任限制基金

451. 申请船舶优先权催告

452. 申请海事债权登记与受偿

五十、申请承认与执行法院判决、仲裁裁决案件

453. 申请执行海事仲裁裁决

454. 申请执行知识产权仲裁裁决

455. 申请执行涉外仲裁裁决

456. 申请认可和执行香港特别行政区法院民事判决

457. 申请认可和执行香港特别行政区仲裁裁决

458. 申请认可和执行澳门特别行政区法院民事判决

459. 申请认可和执行澳门特别行政区仲裁裁决

460. 申请认可和执行台湾地区法院民事判决

461. 申请认可和执行台湾地区仲裁裁决

462. 申请承认和执行外国法院民事判决、裁定

463. 申请承认和执行外国仲裁裁决

第十一部分　特殊诉讼程序案件案由

五十一、与宣告失踪、宣告死亡案件有关的纠纷

464. 失踪人债务支付纠纷

465. 被撤销死亡宣告人请求返还财产纠纷

五十二、公益诉讼

466. 生态环境保护民事公益诉讼

（1）环境污染民事公益诉讼

（2）生态破坏民事公益诉讼

（3）生态环境损害赔偿诉讼

467. 英雄烈士保护民事公益诉讼

468. 未成年人保护民事公益诉讼

469. 消费者权益保护民事公益诉讼

五十三、第三人撤销之诉

470. 第三人撤销之诉

五十四、执行程序中的异议之诉

471. 执行异议之诉

（1）案外人执行异议之诉

（2）申请执行人执行异议之诉

472. 追加、变更被执行人异议之诉

473. 执行分配方案异议之诉

最高人民法院
民事案件案由规定新旧条文对照表

《民事案件案由规定》（2011年2月18日，法〔2011〕42号）（文中灰底部分为2020年变更的案由，删除线为2020年删除的案由）	《民事案件案由规定》（2020年12月29日，法〔2020〕347号）（文中灰底部分为2020年变更的案由，黑体部分为2020年新增的案由）
第一部分 人格权纠纷	第一部分 人格权纠纷
一、人格权纠纷	一、人格权纠纷
1. 生命权、健康权、身体权纠纷	1. 生命权、身体权、健康权纠纷
2. 姓名权纠纷	2. 姓名权纠纷
	3. 名称权纠纷
3. 肖像权纠纷	4. 肖像权纠纷
	5. 声音保护纠纷
4. 名誉权纠纷	6. 名誉权纠纷

《民事案件案由规定》（2011 年 2 月 18 日，法〔2011〕42 号）（文中灰底部分为 2020 年变更的案由，删除线为 2020 年删除的案由）	《民事案件案由规定》（2020 年 12 月 29 日，法〔2020〕347 号）（文中灰底部分为 2020 年变更的案由，黑体部分为 2020 年新增的案由）
5. 荣誉权纠纷	7. 荣誉权纠纷
6. 隐私权纠纷	8. 隐私权、个人信息保护纠纷
	（1）隐私权纠纷
	（2）个人信息保护纠纷
7. 婚姻自主权纠纷	9. 婚姻自主权纠纷
8. 人身自由权纠纷	10. 人身自由权纠纷
9. 一般人格权纠纷	11. 一般人格权纠纷
（1）平等就业权纠纷	（1）平等就业权纠纷
第二部分 婚姻家庭、继承纠纷	第二部分 婚姻家庭、继承纠纷
二、婚姻家庭纠纷	二、婚姻家庭纠纷
10. 婚约财产纠纷	12. 婚约财产纠纷
	13. 婚内夫妻财产分割纠纷
11. 离婚纠纷	14. 离婚纠纷
12. 离婚后财产纠纷	15. 离婚后财产纠纷
13. 离婚后损害责任纠纷	16. 离婚后损害责任纠纷
14. 婚姻无效纠纷	17. 婚姻无效纠纷

《民事案件案由规定》 （2011年2月18日， 法〔2011〕42号） （文中灰底部分为2020年变更的案由，删除线为2020年删除的案由）	《民事案件案由规定》 （2020年12月29日， 法〔2020〕347号） （文中灰底部分为2020年变更的案由，黑体部分为2020年新增的案由）
15. 撤销婚姻纠纷	18. 撤销婚姻纠纷
16. 夫妻财产约定纠纷	19. 夫妻财产约定纠纷
17. 同居关系纠纷	20. 同居关系纠纷
（1）同居关系析产纠纷	（1）同居关系析产纠纷
（2）同居关系子女抚养纠纷	（2）同居关系子女抚养纠纷
	21. 亲子关系纠纷
	（1）确认亲子关系纠纷
	（2）否认亲子关系纠纷
18. 抚养纠纷	22. 抚养纠纷
（1）抚养费纠纷	（1）抚养费纠纷
（2）变更抚养关系纠纷	（2）变更抚养关系纠纷
19. 扶养纠纷	23. 扶养纠纷
（1）扶养费纠纷	（1）扶养费纠纷
（2）变更扶养关系纠纷	（2）变更扶养关系纠纷
20. 赡养纠纷	24. 赡养纠纷
（1）赡养费纠纷	（1）赡养费纠纷
（2）变更赡养关系纠纷	（2）变更赡养关系纠纷

《民事案件案由规定》（2011 年 2 月 18 日，法〔2011〕42 号）（文中灰底部分为 2020 年变更的案由，删除线为 2020 年删除的案由）	《民事案件案由规定》（2020 年 12 月 29 日，法〔2020〕347 号）（文中灰底部分为 2020 年变更的案由，黑体部分为 2020 年新增的案由）
21. 收养关系纠纷	25. 收养关系纠纷
（1）确认收养关系纠纷	（1）确认收养关系纠纷
（2）解除收养关系纠纷	（2）解除收养关系纠纷
22. 监护权纠纷	26. 监护权纠纷
23. 探望权纠纷	27. 探望权纠纷
24. 分家析产纠纷	28. 分家析产纠纷
三、继承纠纷	三、继承纠纷
25. 法定继承纠纷	29. 法定继承纠纷
（1）转继承纠纷	（1）转继承纠纷
（2）代位继承纠纷	（2）代位继承纠纷
26. 遗嘱继承纠纷	30. 遗嘱继承纠纷
27. 被继承人债务清偿纠纷	31. 被继承人债务清偿纠纷
28. 遗赠纠纷	32. 遗赠纠纷
29. 遗赠扶养协议纠纷	33. 遗赠扶养协议纠纷
	34. 遗产管理纠纷

《民事案件案由规定》 （2011 年 2 月 18 日， 法〔2011〕42 号） （文中灰底部分为 2020 年变更的案由，删除线为 2020 年删除的案由）	《民事案件案由规定》 （2020 年 12 月 29 日， 法〔2020〕347 号） （文中灰底部分为 2020 年变更的案由，黑体部分为 2020 年新增的案由）
第三部分 物权纠纷	第三部分 物权纠纷
四、不动产登记纠纷	四、不动产登记纠纷
30. 异议登记不当损害责任纠纷	35. 异议登记不当损害责任纠纷
31. 虚假登记损害责任纠纷	36. 虚假登记损害责任纠纷
五、物权保护纠纷	五、物权保护纠纷
32. 物权确认纠纷	37. 物权确认纠纷
（1）所有权确认纠纷	（1）所有权确认纠纷
（2）用益物权确认纠纷	（2）用益物权确认纠纷
（3）担保物权确认纠纷	（3）担保物权确认纠纷
33. 返还原物纠纷	38. 返还原物纠纷
34. 排除妨害纠纷	39. 排除妨害纠纷
35. 消除危险纠纷	40. 消除危险纠纷
36. 修理、重作、更换纠纷	41. 修理、重作、更换纠纷
37. 恢复原状纠纷	42. 恢复原状纠纷
38. 财产损害赔偿纠纷	43. 财产损害赔偿纠纷

《民事案件案由规定》 （2011 年 2 月 18 日， 法〔2011〕42 号） （文中灰底部分为 2020 年变更的案由，删除线为 2020 年删除的案由）	《民事案件案由规定》 （2020 年 12 月 29 日， 法〔2020〕347 号） （文中灰底部分为 2020 年变更的案由，黑体部分为 2020 年新增的案由）
六、所有权纠纷	六、所有权纠纷
39. 侵害集体经济组织成员权益纠纷	44. 侵害集体经济组织成员权益纠纷
40. 建筑物区分所有权纠纷	45. 建筑物区分所有权纠纷
（1）业主专有权纠纷	（1）业主专有权纠纷
（2）业主共有权纠纷	（2）业主共有权纠纷
（3）车位纠纷	（3）车位纠纷
（4）车库纠纷	（4）车库纠纷
41. 业主撤销权纠纷	46. 业主撤销权纠纷
42. 业主知情权纠纷	47. 业主知情权纠纷
43. 遗失物返还纠纷	48. 遗失物返还纠纷
44. 漂流物返还纠纷	49. 漂流物返还纠纷
45. 埋藏物返还纠纷	50. 埋藏物返还纠纷
46. 隐藏物返还纠纷	51. 隐藏物返还纠纷
	52. 添附物归属纠纷
47. 相邻关系纠纷	53. 相邻关系纠纷
（1）相邻用水、排水纠纷	（1）相邻用水、排水纠纷

《民事案件案由规定》 （2011 年 2 月 18 日， 法〔2011〕42 号） （文中灰底部分为 2020 年变更的案由，删除线为 2020 年删除的案由）	《民事案件案由规定》 （2020 年 12 月 29 日， 法〔2020〕347 号） （文中灰底部分为 2020 年变更的案由，黑体部分为 2020 年新增的案由）
（2）相邻通行纠纷	（2）相邻通行纠纷
（3）相邻土地、建筑物利用关系纠纷	（3）相邻土地、建筑物利用关系纠纷
（4）相邻通风纠纷	（4）相邻通风纠纷
（5）相邻采光、日照纠纷	（5）相邻采光、日照纠纷
（6）相邻污染侵害纠纷	（6）相邻污染侵害纠纷
（7）相邻损害防免关系纠纷	（7）相邻损害防免关系纠纷
48. 共有纠纷	54. 共有纠纷
（1）共有权确认纠纷	（1）共有权确认纠纷
（2）共有物分割纠纷	（2）共有物分割纠纷
（3）共有人优先购买权纠纷	（3）共有人优先购买权纠纷
	（4）债权人代位析产纠纷
七、用益物权纠纷	七、用益物权纠纷
49. 海域使用权纠纷	55. 海域使用权纠纷
50. 探矿权纠纷	56. 探矿权纠纷
51. 采矿权纠纷	57. 采矿权纠纷
52. 取水权纠纷	58. 取水权纠纷

《民事案件案由规定》（2011年2月18日，法〔2011〕42号）（文中灰底部分为2020年变更的案由，删除线为2020年删除的案由）	《民事案件案由规定》（2020年12月29日，法〔2020〕347号）（文中灰底部分为2020年变更的案由，黑体部分为2020年新增的案由）
53. 养殖权纠纷	59. 养殖权纠纷
54. 捕捞权纠纷	60. 捕捞权纠纷
55. 土地承包经营权纠纷	61. 土地承包经营权纠纷
（1）土地承包经营权确认纠纷	（1）土地承包经营权确认纠纷
（2）承包地征收补偿费用分配纠纷	（2）承包地征收补偿费用分配纠纷
（3）土地承包经营权继承纠纷	（3）土地承包经营权继承纠纷
	62. 土地经营权纠纷
56. 建设用地使用权纠纷	63. 建设用地使用权纠纷
57. 宅基地使用权纠纷	64. 宅基地使用权纠纷
	65. 居住权纠纷
58. 地役权纠纷	66. 地役权纠纷
八、担保物权纠纷	八、担保物权纠纷
59. 抵押权纠纷	67. 抵押权纠纷
（1）建筑物和其他土地附着物抵押权纠纷	（1）建筑物和其他土地附着物抵押权纠纷

《民事案件案由规定》（2011年2月18日，法〔2011〕42号）（文中灰底部分为2020年变更的案由，删除线为2020年删除的案由）	《民事案件案由规定》（2020年12月29日，法〔2020〕347号）（文中灰底部分为2020年变更的案由，黑体部分为2020年新增的案由）
（2）在建建筑物抵押权纠纷	（2）在建建筑物抵押权纠纷
（3）建设用地使用权抵押权纠纷	（3）建设用地使用权抵押权纠纷
（4）土地承包经营权抵押权纠纷	（4）土地经营权抵押权纠纷
	（5）探矿权抵押权纠纷
	（6）采矿权抵押权纠纷
	（7）海域使用权抵押权纠纷
（5）动产抵押权纠纷	（8）动产抵押权纠纷
（6）在建船舶、航空器抵押权纠纷	（9）在建船舶、航空器抵押权纠纷
（7）动产浮动抵押权纠纷	（10）动产浮动抵押权纠纷
（8）最高额抵押权纠纷	（11）最高额抵押权纠纷
60. 质权纠纷	68. 质权纠纷
（1）动产质权纠纷	（1）动产质权纠纷
（2）转质权纠纷	（2）转质权纠纷
（3）最高额质权纠纷	（3）最高额质权纠纷
（4）票据质权纠纷	（4）票据质权纠纷

《民事案件案由规定》 （2011 年 2 月 18 日， 法〔2011〕42 号） （文中灰底部分为 2020 年变更的案由，删除线为 2020 年删除的案由）	《民事案件案由规定》 （2020 年 12 月 29 日， 法〔2020〕347 号） （文中灰底部分为 2020 年变更的案由，黑体部分为 2020 年新增的案由）
（5）债券质权纠纷	（5）债券质权纠纷
（6）存单质权纠纷	（6）存单质权纠纷
（7）仓单质权纠纷	（7）仓单质权纠纷
（8）提单质权纠纷	（8）提单质权纠纷
（9）股权质权纠纷	（9）股权质权纠纷
（10）基金份额质权纠纷	（10）基金份额质权纠纷
（11）知识产权质权纠纷	（11）知识产权质权纠纷
（12）应收账款质权纠纷	（12）应收账款质权纠纷
61. 留置权纠纷	69. 留置权纠纷
九、占有保护纠纷	九、占有保护纠纷
62. 占有物返还纠纷	70. 占有物返还纠纷
63. 占有排除妨害纠纷	71. 占有排除妨害纠纷
64. 占有消除危险纠纷	72. 占有消除危险纠纷
65. 占有物损害赔偿纠纷	73. 占有物损害赔偿纠纷

《民事案件案由规定》 （2011年2月18日， 法〔2011〕42号） （文中灰底部分为2020年变更的案由，删除线为2020年删除的案由）	《民事案件案由规定》 （2020年12月29日， 法〔2020〕347号） （文中灰底部分为2020年变更的案由，黑体部分为2020年新增的案由）
第四部分 合同、无因管理、不当得利纠纷	第四部分 合同、准合同纠纷
十、合同纠纷	十、合同纠纷
66. 缔约过失责任纠纷	74. 缔约过失责任纠纷
	75. 预约合同纠纷
67. 确认合同效力纠纷	76. 确认合同效力纠纷
（1）确认合同有效纠纷	（1）确认合同有效纠纷
（2）确认合同无效纠纷	（2）确认合同无效纠纷
68. 债权人代位权纠纷	77. 债权人代位权纠纷
69. 债权人撤销权纠纷	78. 债权人撤销权纠纷
70. 债权转让合同纠纷	79. 债权转让合同纠纷
71. 债务转移合同纠纷	80. 债务转移合同纠纷
72. 债权债务概括转移合同纠纷	81. 债权债务概括转移合同纠纷
	82. 债务加入纠纷
73. 悬赏广告纠纷	83. 悬赏广告纠纷
74. 买卖合同纠纷	84. 买卖合同纠纷

《民事案件案由规定》（2011年2月18日，法〔2011〕42号）（文中灰底部分为2020年变更的案由，删除线为2020年删除的案由）	《民事案件案由规定》（2020年12月29日，法〔2020〕347号）（文中灰底部分为2020年变更的案由，黑体部分为2020年新增的案由）
（1）分期付款买卖合同纠纷	（1）分期付款买卖合同纠纷
（2）凭样品买卖合同纠纷	（2）凭样品买卖合同纠纷
（3）试用买卖合同纠纷	（3）试用买卖合同纠纷
	（4）所有权保留买卖合同纠纷
	（5）招标投标买卖合同纠纷[①]
（4）互易纠纷	（6）互易纠纷
（5）国际货物买卖合同纠纷	（7）国际货物买卖合同纠纷
（6）网络购物合同纠纷	（8）信息网络买卖合同纠纷
~~（7）电视购物合同纠纷~~	
75. 招标投标买卖合同纠纷[②]	
76. 拍卖合同纠纷	85. 拍卖合同纠纷
77. 建设用地使用权合同纠纷	86. 建设用地使用权合同纠纷

① 该案由对应2011年《民事案件案由规定》第三级案由“75. 招标投标买卖合同纠纷”，仅顺序有调整。

② 该案由对应2020年《民事案件案由规定》第三级案由“84. 买卖合同纠纷”项下的第四级案由“（5）招标投标买卖合同纠纷”，仅顺序有调整。

《民事案件案由规定》 （2011 年 2 月 18 日， 法〔2011〕42 号） （文中灰底部分为 2020 年变更的案由，删除线为 2020 年删除的案由）	《民事案件案由规定》 （2020 年 12 月 29 日， 法〔2020〕347 号） （文中灰底部分为 2020 年变更的案由，黑体部分为 2020 年新增的案由）
（1）建设用地使用权出让合同纠纷	（1）建设用地使用权出让合同纠纷
（2）建设用地使用权转让合同纠纷	（2）建设用地使用权转让合同纠纷
78. 临时用地合同纠纷	87. 临时用地合同纠纷
79. 探矿权转让合同纠纷	88. 探矿权转让合同纠纷
80. 采矿权转让合同纠纷	89. 采矿权转让合同纠纷
81. 房地产开发经营合同纠纷	90. 房地产开发经营合同纠纷
（1）委托代建合同纠纷	（1）委托代建合同纠纷
（2）合资、合作开发房地产合同纠纷	（2）合资、合作开发房地产合同纠纷
（3）项目转让合同纠纷	（3）项目转让合同纠纷
82. 房屋买卖合同纠纷	91. 房屋买卖合同纠纷
（1）商品房预约合同纠纷	（1）商品房预约合同纠纷
（2）商品房预售合同纠纷	（2）商品房预售合同纠纷
（3）商品房销售合同纠纷	（3）商品房销售合同纠纷

《民事案件案由规定》（2011年2月18日，法〔2011〕42号）（文中灰底部分为2020年变更的案由，删除线为2020年删除的案由）	《民事案件案由规定》（2020年12月29日，法〔2020〕347号）（文中灰底部分为2020年变更的案由，黑体部分为2020年新增的案由）
（4）商品房委托代理销售合同纠纷	（4）商品房委托代理销售合同纠纷
（5）经济适用房转让合同纠纷	（5）经济适用房转让合同纠纷
（6）农村房屋买卖合同纠纷	（6）农村房屋买卖合同纠纷
83. 房屋拆迁安置补偿合同纠纷	92. 民事主体间房屋拆迁补偿合同纠纷
84. 供用电合同纠纷	93. 供用电合同纠纷
85. 供用水合同纠纷	94. 供用水合同纠纷
86. 供用气合同纠纷	95. 供用气合同纠纷
87. 供用热力合同纠纷	96. 供用热力合同纠纷
	97. 排污权交易纠纷
	98. 用能权交易纠纷
	99. 用水权交易纠纷
	100. 碳排放权交易纠纷
	101. 碳汇交易纠纷
88. 赠与合同纠纷	102. 赠与合同纠纷
（1）公益事业捐赠合同纠纷	（1）公益事业捐赠合同纠纷

《民事案件案由规定》（2011 年 2 月 18 日，法〔2011〕42 号）（文中灰底部分为 2020 年变更的案由，删除线为 2020 年删除的案由）	《民事案件案由规定》（2020 年 12 月 29 日，法〔2020〕347 号）（文中灰底部分为 2020 年变更的案由，黑体部分为 2020 年新增的案由）
（2）附义务赠与合同纠纷	（2）附义务赠与合同纠纷
89. 借款合同纠纷	103. 借款合同纠纷
（1）金融借款合同纠纷	（1）金融借款合同纠纷
（2）同业拆借纠纷	（2）同业拆借纠纷
~~（3）企业借贷纠纷~~	
（4）民间借贷纠纷	（3）民间借贷纠纷
（5）小额借款合同纠纷	（4）小额借款合同纠纷
（6）金融不良债权转让合同纠纷	（5）金融不良债权转让合同纠纷
（7）金融不良债权追偿纠纷	（6）金融不良债权追偿纠纷
90. 保证合同纠纷	104. 保证合同纠纷
91. 抵押合同纠纷	105. 抵押合同纠纷
92. 质押合同纠纷	106. 质押合同纠纷
93. 定金合同纠纷	107. 定金合同纠纷
94. 进出口押汇纠纷	108. 进出口押汇纠纷
95. 储蓄存款合同纠纷	109. 储蓄存款合同纠纷
96. 银行卡纠纷	110. 银行卡纠纷

《民事案件案由规定》（2011年2月18日，法〔2011〕42号）（文中灰底部分为2020年变更的案由，删除线为2020年删除的案由）	《民事案件案由规定》（2020年12月29日，法〔2020〕347号）（文中灰底部分为2020年变更的案由，黑体部分为2020年新增的案由）
（1）借记卡纠纷	（1）借记卡纠纷
（2）信用卡纠纷	（2）信用卡纠纷
97. 租赁合同纠纷	111. 租赁合同纠纷
（1）土地租赁合同纠纷	（1）土地租赁合同纠纷
（2）房屋租赁合同纠纷	（2）房屋租赁合同纠纷
（3）车辆租赁合同纠纷	（3）车辆租赁合同纠纷
（4）建筑设备租赁合同纠纷	（4）建筑设备租赁合同纠纷
98. 融资租赁合同纠纷	112. 融资租赁合同纠纷
	113. 保理合同纠纷
99. 承揽合同纠纷	114. 承揽合同纠纷
（1）加工合同纠纷	（1）加工合同纠纷
（2）定作合同纠纷	（2）定作合同纠纷
（3）修理合同纠纷	（3）修理合同纠纷
（4）复制合同纠纷	（4）复制合同纠纷
（5）测试合同纠纷	（5）测试合同纠纷
（6）检验合同纠纷	（6）检验合同纠纷

《民事案件案由规定》（2011年2月18日，法〔2011〕42号）（文中灰底部分为2020年变更的案由，删除线为2020年删除的案由）	《民事案件案由规定》（2020年12月29日，法〔2020〕347号）（文中灰底部分为2020年变更的案由，黑体部分为2020年新增的案由）
（7）铁路机车、车辆建造合同纠纷	（7）铁路机车、车辆建造合同纠纷
100. 建设工程合同纠纷	115. 建设工程合同纠纷
（1）建设工程勘察合同纠纷	（1）建设工程勘察合同纠纷
（2）建设工程设计合同纠纷	（2）建设工程设计合同纠纷
（3）建设工程施工合同纠纷	（3）建设工程施工合同纠纷
（4）建设工程价款优先受偿权纠纷	（4）建设工程价款优先受偿权纠纷
（5）建设工程分包合同纠纷	（5）建设工程分包合同纠纷
（6）建设工程监理合同纠纷	（6）建设工程监理合同纠纷
（7）装饰装修合同纠纷	（7）装饰装修合同纠纷
（8）铁路修建合同纠纷	（8）铁路修建合同纠纷
（9）农村建房施工合同纠纷	（9）农村建房施工合同纠纷
101. 运输合同纠纷	116. 运输合同纠纷
（1）公路旅客运输合同纠纷	（1）公路旅客运输合同纠纷
（2）公路货物运输合同纠纷	（2）公路货物运输合同纠纷
（3）水路旅客运输合同纠纷	（3）水路旅客运输合同纠纷

《民事案件案由规定》 （2011年2月18日， 法〔2011〕42号） （文中灰底部分为2020年变更的案由，删除线为2020年删除的案由）	《民事案件案由规定》 （2020年12月29日， 法〔2020〕347号） （文中灰底部分为2020年变更的案由，黑体部分为2020年新增的案由）
（4）水路货物运输合同纠纷	（4）水路货物运输合同纠纷
（5）航空旅客运输合同纠纷	（5）航空旅客运输合同纠纷
（6）航空货物运输合同纠纷	（6）航空货物运输合同纠纷
（7）出租汽车运输合同纠纷	（7）出租汽车运输合同纠纷
（8）管道运输合同纠纷	（8）管道运输合同纠纷
（9）城市公交运输合同纠纷	（9）城市公交运输合同纠纷
（10）联合运输合同纠纷	（10）联合运输合同纠纷
（11）多式联运合同纠纷	（11）多式联运合同纠纷
（12）铁路货物运输合同纠纷	（12）铁路货物运输合同纠纷
（13）铁路旅客运输合同纠纷	（13）铁路旅客运输合同纠纷
（14）铁路行李运输合同纠纷	（14）铁路行李运输合同纠纷
（15）铁路包裹运输合同纠纷	（15）铁路包裹运输合同纠纷
（16）国际铁路联运合同纠纷	（16）国际铁路联运合同纠纷
102. 保管合同纠纷	117. 保管合同纠纷
103. 仓储合同纠纷	118. 仓储合同纠纷
104. 委托合同纠纷	119. 委托合同纠纷
（1）进出口代理合同纠纷	（1）进出口代理合同纠纷

《民事案件案由规定》（2011年2月18日，法〔2011〕42号）（文中灰底部分为2020年变更的案由，删除线为2020年删除的案由）	《民事案件案由规定》（2020年12月29日，法〔2020〕347号）（文中灰底部分为2020年变更的案由，黑体部分为2020年新增的案由）
（2）货运代理合同纠纷	（2）货运代理合同纠纷
（3）民用航空运输销售代理合同纠纷	（3）民用航空运输销售代理合同纠纷
（4）诉讼、仲裁、人民调解代理合同纠纷	（4）诉讼、仲裁、人民调解代理合同纠纷
	（5）销售代理合同纠纷
105. 委托理财合同纠纷	120. 委托理财合同纠纷
（1）金融委托理财合同纠纷	（1）金融委托理财合同纠纷
（2）民间委托理财合同纠纷	（2）民间委托理财合同纠纷
	121. 物业服务合同纠纷①
106. 行纪合同纠纷	122. 行纪合同纠纷
107. 居间合同纠纷	123. 中介合同纠纷
108. 补偿贸易纠纷	124. 补偿贸易纠纷
109. 借用合同纠纷	125. 借用合同纠纷
110. 典当纠纷	126. 典当纠纷
111. 合伙协议纠纷	127. 合伙合同纠纷

① 该案由对应2011年《民事案件案由规定》第三级案由“120. 服务合同纠纷”项下的第四级案由“（15）物业服务合同纠纷”，仅顺序有调整。

《民事案件案由规定》（2011 年 2 月 18 日，法〔2011〕42 号）（文中灰底部分为 2020 年变更的案由，删除线为 2020 年删除的案由）	《民事案件案由规定》（2020 年 12 月 29 日，法〔2020〕347 号）（文中灰底部分为 2020 年变更的案由，黑体部分为 2020 年新增的案由）
112. 种植、养殖回收合同纠纷	128. 种植、养殖回收合同纠纷
113. 彩票、奖券纠纷	129. 彩票、奖券纠纷
114. 中外合作勘探开发自然资源合同纠纷	130. 中外合作勘探开发自然资源合同纠纷
115. 农业承包合同纠纷	131. 农业承包合同纠纷
116. 林业承包合同纠纷	132. 林业承包合同纠纷
117. 渔业承包合同纠纷	133. 渔业承包合同纠纷
118. 牧业承包合同纠纷	134. 牧业承包合同纠纷
119. 农村土地承包合同纠纷	135. 土地承包经营权合同纠纷
~~（1）土地承包经营权转包合同纠纷~~	
（2）土地承包经营权转让合同纠纷	（1）土地承包经营权转让合同纠纷
（3）土地承包经营权互换合同纠纷	（2）土地承包经营权互换合同纠纷
（4）土地承包经营权入股合同纠纷	（3）土地经营权入股合同纠纷

《民事案件案由规定》（2011 年 2 月 18 日，法〔2011〕42 号）（文中灰底部分为 2020 年变更的案由，删除线为 2020 年删除的案由）	《民事案件案由规定》（2020 年 12 月 29 日，法〔2020〕347 号）（文中灰底部分为 2020 年变更的案由，黑体部分为 2020 年新增的案由）
（5）土地承包经营权抵押合同纠纷	（4）土地经营权抵押合同纠纷
（6）土地承包经营权出租合同纠纷	（5）土地经营权出租合同纠纷
	136. 居住权合同纠纷
120. 服务合同纠纷	137. 服务合同纠纷
（1）电信服务合同纠纷	（1）电信服务合同纠纷
（2）邮寄服务合同纠纷	（2）邮政服务合同纠纷
	（3）快递服务合同纠纷
（3）医疗服务合同纠纷	（4）医疗服务合同纠纷
（4）法律服务合同纠纷	（5）法律服务合同纠纷
（5）旅游合同纠纷	（6）旅游合同纠纷
（6）房地产咨询合同纠纷	（7）房地产咨询合同纠纷
（7）房地产价格评估合同纠纷	（8）房地产价格评估合同纠纷
（8）旅店服务合同纠纷	（9）旅店服务合同纠纷
（9）财会服务合同纠纷	（10）财会服务合同纠纷
（10）餐饮服务合同纠纷	（11）餐饮服务合同纠纷

《民事案件案由规定》（2011年2月18日，法〔2011〕42号）（文中灰底部分为2020年变更的案由，删除线为2020年删除的案由）	《民事案件案由规定》（2020年12月29日，法〔2020〕347号）（文中灰底部分为2020年变更的案由，黑体部分为2020年新增的案由）
（11）娱乐服务合同纠纷	（12）娱乐服务合同纠纷
（12）有线电视服务合同纠纷	（13）有线电视服务合同纠纷
（13）网络服务合同纠纷	（14）网络服务合同纠纷
（14）教育培训合同纠纷	（15）教育培训合同纠纷
（15）物业服务合同纠纷[①]	
（16）家政服务合同纠纷	（16）家政服务合同纠纷
（17）庆典服务合同纠纷	（17）庆典服务合同纠纷
（18）殡葬服务合同纠纷	（18）殡葬服务合同纠纷
（19）农业技术服务合同纠纷	（19）农业技术服务合同纠纷
（20）农机作业服务合同纠纷	（20）农机作业服务合同纠纷
（21）保安服务合同纠纷	（21）保安服务合同纠纷
（22）银行结算合同纠纷	（22）银行结算合同纠纷
121. 演出合同纠纷	138. 演出合同纠纷

① 该案由对应2020年《民事案件案由规定》第三级案由“121. 物业服务合同纠纷”，仅顺序有调整。

《民事案件案由规定》 （2011 年 2 月 18 日， 法〔2011〕42 号） （文中灰底部分为 2020 年变更的案由，删除线为 2020 年删除的案由）	《民事案件案由规定》 （2020 年 12 月 29 日， 法〔2020〕347 号） （文中灰底部分为 2020 年变更的案由，黑体部分为 2020 年新增的案由）
122. 劳务合同纠纷	139. 劳务合同纠纷
123. 离退休人员返聘合同纠纷	140. 离退休人员返聘合同纠纷
124. 广告合同纠纷	141. 广告合同纠纷
125. 展览合同纠纷	142. 展览合同纠纷
126. 追偿权纠纷	143. 追偿权纠纷
~~127. 请求确认人民调解协议效力~~	
十一、不当得利纠纷	十一、不当得利纠纷
128. 不当得利纠纷	144. 不当得利纠纷
十二、无因管理纠纷	十二、无因管理纠纷
129. 无因管理纠纷	145. 无因管理纠纷
第五部分 知识产权与竞争纠纷	第五部分 知识产权与竞争纠纷
十三、知识产权合同纠纷	十三、知识产权合同纠纷
130. 著作权合同纠纷	146. 著作权合同纠纷
（1）委托创作合同纠纷	（1）委托创作合同纠纷
（2）合作创作合同纠纷	（2）合作创作合同纠纷

《民事案件案由规定》 （2011年2月18日， 法〔2011〕42号） （文中灰底部分为2020年变更的案由，删除线为2020年删除的案由）	《民事案件案由规定》 （2020年12月29日， 法〔2020〕347号） （文中灰底部分为2020年变更的案由，黑体部分为2020年新增的案由）
（3）著作权转让合同纠纷	（3）著作权转让合同纠纷
（4）著作权许可使用合同纠纷	（4）著作权许可使用合同纠纷
（5）出版合同纠纷	（5）出版合同纠纷
（6）表演合同纠纷	（6）表演合同纠纷
（7）音像制品制作合同纠纷	（7）音像制品制作合同纠纷
（8）广播电视播放合同纠纷	（8）广播电视播放合同纠纷
（9）邻接权转让合同纠纷	（9）邻接权转让合同纠纷
（10）邻接权许可使用合同纠纷	（10）邻接权许可使用合同纠纷
（11）计算机软件开发合同纠纷	（11）计算机软件开发合同纠纷
（12）计算机软件著作权转让合同纠纷	（12）计算机软件著作权转让合同纠纷
（13）计算机软件著作权许可使用合同纠纷	（13）计算机软件著作权许可使用合同纠纷
131. 商标合同纠纷	147. 商标合同纠纷
（1）商标权转让合同纠纷	（1）商标权转让合同纠纷

《民事案件案由规定》（2011年2月18日，法〔2011〕42号）（文中灰底部分为2020年变更的案由，删除线为2020年删除的案由）	《民事案件案由规定》（2020年12月29日，法〔2020〕347号）（文中灰底部分为2020年变更的案由，黑体部分为2020年新增的案由）
（2）商标使用许可合同纠纷	（2）商标使用许可合同纠纷
（3）商标代理合同纠纷	（3）商标代理合同纠纷
132. 专利合同纠纷	148. 专利合同纠纷
（1）专利申请权转让合同纠纷	（1）专利申请权转让合同纠纷
（2）专利权转让合同纠纷	（2）专利权转让合同纠纷
（3）发明专利实施许可合同纠纷	（3）发明专利实施许可合同纠纷
（4）实用新型专利实施许可合同纠纷	（4）实用新型专利实施许可合同纠纷
（5）外观设计专利实施许可合同纠纷	（5）外观设计专利实施许可合同纠纷
（6）专利代理合同纠纷	（6）专利代理合同纠纷
133. 植物新品种合同纠纷	149. 植物新品种合同纠纷
（1）植物新品种育种合同纠纷	（1）植物新品种育种合同纠纷
（2）植物新品种申请权转让合同纠纷	（2）植物新品种申请权转让合同纠纷

《民事案件案由规定》（2011年2月18日，法〔2011〕42号）（文中灰底部分为2020年变更的案由，删除线为2020年删除的案由）	《民事案件案由规定》（2020年12月29日，法〔2020〕347号）（文中灰底部分为2020年变更的案由，黑体部分为2020年新增的案由）
（3）植物新品种权转让合同纠纷	（3）植物新品种权转让合同纠纷
（4）植物新品种实施许可合同纠纷	（4）植物新品种实施许可合同纠纷
134. 集成电路布图设计合同纠纷	150. 集成电路布图设计合同纠纷
（1）集成电路布图设计创作合同纠纷	（1）集成电路布图设计创作合同纠纷
（2）集成电路布图设计专有权转让合同纠纷	（2）集成电路布图设计专有权转让合同纠纷
（3）集成电路布图设计许可使用合同纠纷	（3）集成电路布图设计许可使用合同纠纷
135. 商业秘密合同纠纷	151. 商业秘密合同纠纷
（1）技术秘密让与合同纠纷	（1）技术秘密让与合同纠纷
（2）技术秘密许可使用合同纠纷	（2）技术秘密许可使用合同纠纷
（3）经营秘密让与合同纠纷	（3）经营秘密让与合同纠纷
（4）经营秘密许可使用合同纠纷	（4）经营秘密许可使用合同纠纷

《民事案件案由规定》（2011年2月18日，法〔2011〕42号）（文中灰底部分为2020年变更的案由，删除线为2020年删除的案由）	《民事案件案由规定》（2020年12月29日，法〔2020〕347号）（文中灰底部分为2020年变更的案由，黑体部分为2020年新增的案由）
136. 技术合同纠纷	152. 技术合同纠纷
（1）技术委托开发合同纠纷	（1）技术委托开发合同纠纷
（2）技术合作开发合同纠纷	（2）技术合作开发合同纠纷
（3）技术转化合同纠纷	（3）技术转化合同纠纷
（4）技术转让合同纠纷	（4）技术转让合同纠纷
	（5）技术许可合同纠纷
（5）技术咨询合同纠纷	（6）技术咨询合同纠纷
（6）技术服务合同纠纷	（7）技术服务合同纠纷
（7）技术培训合同纠纷	（8）技术培训合同纠纷
（8）技术中介合同纠纷	（9）技术中介合同纠纷
（9）技术进口合同纠纷	（10）技术进口合同纠纷
（10）技术出口合同纠纷	（11）技术出口合同纠纷
（11）职务技术成果完成人奖励、报酬纠纷	（12）职务技术成果完成人奖励、报酬纠纷
（12）技术成果完成人署名权、荣誉权、奖励权纠纷	（13）技术成果完成人署名权、荣誉权、奖励权纠纷
137. 特许经营合同纠纷	153. 特许经营合同纠纷

《民事案件案由规定》 （2011年2月18日， 法〔2011〕42号） （文中灰底部分为2020年变更的案由，删除线为2020年删除的案由）	《民事案件案由规定》 （2020年12月29日， 法〔2020〕347号） （文中灰底部分为2020年变更的案由，黑体部分为2020年新增的案由）
138. 企业名称（商号）合同纠纷	154. 企业名称（商号）合同纠纷
（1）企业名称（商号）转让合同纠纷	（1）企业名称（商号）转让合同纠纷
（2）企业名称（商号）使用合同纠纷	（2）企业名称（商号）使用合同纠纷
139. 特殊标志合同纠纷	155. 特殊标志合同纠纷
140. 网络域名合同纠纷	156. 网络域名合同纠纷
（1）网络域名注册合同纠纷	（1）网络域名注册合同纠纷
（2）网络域名转让合同纠纷	（2）网络域名转让合同纠纷
（3）网络域名许可使用合同纠纷	（3）网络域名许可使用合同纠纷
141. 知识产权质押合同纠纷	157. 知识产权质押合同纠纷
十四、知识产权权属、侵权纠纷	十四、知识产权权属、侵权纠纷
142. 著作权权属、侵权纠纷	158. 著作权权属、侵权纠纷
（1）著作权权属纠纷	（1）著作权权属纠纷
（2）侵害作品发表权纠纷	（2）侵害作品发表权纠纷

《民事案件案由规定》 （2011 年 2 月 18 日， 法〔2011〕42 号） （文中灰底部分为 2020 年变更的案由，删除线为 2020 年删除的案由）	《民事案件案由规定》 （2020 年 12 月 29 日， 法〔2020〕347 号） （文中灰底部分为 2020 年变更的案由，黑体部分为 2020 年新增的案由）
（3）侵害作品署名权纠纷	（3）侵害作品署名权纠纷
（4）侵害作品修改权纠纷	（4）侵害作品修改权纠纷
（5）侵害保护作品完整权纠纷	（5）侵害保护作品完整权纠纷
（6）侵害作品复制权纠纷	（6）侵害作品复制权纠纷
（7）侵害作品发行权纠纷	（7）侵害作品发行权纠纷
（8）侵害作品出租权纠纷	（8）侵害作品出租权纠纷
（9）侵害作品展览权纠纷	（9）侵害作品展览权纠纷
（10）侵害作品表演权纠纷	（10）侵害作品表演权纠纷
（11）侵害作品放映权纠纷	（11）侵害作品放映权纠纷
（12）侵害作品广播权纠纷	（12）侵害作品广播权纠纷
（13）侵害作品信息网络传播权纠纷	（13）侵害作品信息网络传播权纠纷
（14）侵害作品摄制权纠纷	（14）侵害作品摄制权纠纷
（15）侵害作品改编权纠纷	（15）侵害作品改编权纠纷
（16）侵害作品翻译权纠纷	（16）侵害作品翻译权纠纷
（17）侵害作品汇编权纠纷	（17）侵害作品汇编权纠纷

《民事案件案由规定》 （2011年2月18日， 法〔2011〕42号） （文中灰底部分为2020年变更的案由，删除线为2020年删除的案由）	《民事案件案由规定》 （2020年12月29日， 法〔2020〕347号） （文中灰底部分为2020年变更的案由，黑体部分为2020年新增的案由）
（18）侵害其他著作财产权纠纷	（18）侵害其他著作财产权纠纷
（19）出版者权权属纠纷	（19）出版者权权属纠纷
（20）表演者权权属纠纷	（20）表演者权权属纠纷
（21）录音录像制作者权权属纠纷	（21）录音录像制作者权权属纠纷
（22）广播组织权权属纠纷	（22）广播组织权权属纠纷
（23）侵害出版者权纠纷	（23）侵害出版者权纠纷
（24）侵害表演者权纠纷	（24）侵害表演者权纠纷
（25）侵害录音录像制作者权纠纷	（25）侵害录音录像制作者权纠纷
（26）侵害广播组织权纠纷	（26）侵害广播组织权纠纷
（27）计算机软件著作权权属纠纷	（27）计算机软件著作权权属纠纷
（28）侵害计算机软件著作权纠纷	（28）侵害计算机软件著作权纠纷
143. 商标权权属、侵权纠纷	159. 商标权权属、侵权纠纷
（1）商标权权属纠纷	（1）商标权权属纠纷

《民事案件案由规定》 （2011年2月18日， 法〔2011〕42号） （文中灰底部分为2020年变更的案由，删除线为2020年删除的案由）	《民事案件案由规定》 （2020年12月29日， 法〔2020〕347号） （文中灰底部分为2020年变更的案由，黑体部分为2020年新增的案由）
（2）侵害商标权纠纷	（2）侵害商标权纠纷
144.专利权权属、侵权纠纷	160.专利权权属、侵权纠纷
（1）专利申请权权属纠纷	（1）专利申请权权属纠纷
（2）专利权权属纠纷	（2）专利权权属纠纷
（3）侵害发明专利权纠纷	（3）侵害发明专利权纠纷
（4）侵害实用新型专利权纠纷	（4）侵害实用新型专利权纠纷
（5）侵害外观设计专利权纠纷	（5）侵害外观设计专利权纠纷
（6）假冒他人专利纠纷	（6）假冒他人专利纠纷
（7）发明专利临时保护期使用费纠纷	（7）发明专利临时保护期使用费纠纷
（8）职务发明创造发明人、设计人奖励、报酬纠纷	（8）职务发明创造发明人、设计人奖励、报酬纠纷
（9）发明创造发明人、设计人署名权纠纷	（9）发明创造发明人、设计人署名权纠纷
	（10）标准必要专利使用费纠纷

《民事案件案由规定》（2011年2月18日，法〔2011〕42号）（文中灰底部分为2020年变更的案由，删除线为2020年删除的案由）	《民事案件案由规定》（2020年12月29日，法〔2020〕347号）（文中灰底部分为2020年变更的案由，黑体部分为2020年新增的案由）
145. 植物新品种权权属、侵权纠纷	161. 植物新品种权权属、侵权纠纷
（1）植物新品种申请权权属纠纷	（1）植物新品种申请权权属纠纷
（2）植物新品种权权属纠纷	（2）植物新品种权权属纠纷
（3）侵害植物新品种权纠纷	（3）侵害植物新品种权纠纷
（4）植物新品种临时保护期使用费纠纷	（4）植物新品种临时保护期使用费纠纷
146. 集成电路布图设计专有权权属、侵权纠纷	162. 集成电路布图设计专有权权属、侵权纠纷
（1）集成电路布图设计专有权权属纠纷	（1）集成电路布图设计专有权权属纠纷
（2）侵害集成电路布图设计专有权纠纷	（2）侵害集成电路布图设计专有权纠纷
147. 侵害企业名称（商号）权纠纷	163. 侵害企业名称（商号）权纠纷
148. 侵害特殊标志专有权纠纷	164. 侵害特殊标志专有权纠纷

《民事案件案由规定》（2011年2月18日，法〔2011〕42号）（文中灰底部分为2020年变更的案由，删除线为2020年删除的案由）	《民事案件案由规定》（2020年12月29日，法〔2020〕347号）（文中灰底部分为2020年变更的案由，黑体部分为2020年新增的案由）
149. 网络域名权属、侵权纠纷	165. 网络域名权属、侵权纠纷
（1）网络域名权属纠纷	（1）网络域名权属纠纷
（2）侵害网络域名纠纷	（2）侵害网络域名纠纷
150. 发现权纠纷	166. 发现权纠纷
151. 发明权纠纷	167. 发明权纠纷
152. 其他科技成果权纠纷	168. 其他科技成果权纠纷
153. 确认不侵害知识产权纠纷	169. 确认不侵害知识产权纠纷
（1）确认不侵害专利权纠纷	（1）确认不侵害专利权纠纷
（2）确认不侵害商标权纠纷	（2）确认不侵害商标权纠纷
（3）确认不侵害著作权纠纷	（3）确认不侵害著作权纠纷
（4）确认不侵害植物新品种权纠纷	（4）确认不侵害植物新品种权纠纷
（5）确认不侵害集成电路布图设计专用权纠纷	（5）确认不侵害集成电路布图设计专用权纠纷
（6）确认不侵害计算机软件著作权纠纷	（6）确认不侵害计算机软件著作权纠纷

《民事案件案由规定》（2011 年 2 月 18 日，法〔2011〕42 号）（文中灰底部分为 2020 年变更的案由，删除线为 2020 年删除的案由）	《民事案件案由规定》（2020 年 12 月 29 日，法〔2020〕347 号）（文中灰底部分为 2020 年变更的案由，黑体部分为 2020 年新增的案由）
154. 因申请知识产权临时措施损害责任纠纷	170. 因申请知识产权临时措施损害责任纠纷
（1）因申请诉前停止侵害专利权损害责任纠纷	（1）因申请诉前停止侵害专利权损害责任纠纷
（2）因申请诉前停止侵害注册商标专用权损害责任纠纷	（2）因申请诉前停止侵害注册商标专用权损害责任纠纷
（3）因申请诉前停止侵害著作权损害责任纠纷	（3）因申请诉前停止侵害著作权损害责任纠纷
（4）因申请诉前停止侵害植物新品种权损害责任纠纷	（4）因申请诉前停止侵害植物新品种权损害责任纠纷
（5）因申请海关知识产权保护措施损害责任纠纷	（5）因申请海关知识产权保护措施损害责任纠纷
（6）因申请诉前停止侵害计算机软件著作权损害责任纠纷	（6）因申请诉前停止侵害计算机软件著作权损害责任纠纷
（7）因申请诉前停止侵害集成电路布图设计专用权损害责任纠纷	（7）因申请诉前停止侵害集成电路布图设计专用权损害责任纠纷

《民事案件案由规定》（2011年2月18日，法〔2011〕42号）（文中灰底部分为2020年变更的案由，删除线为2020年删除的案由）	《民事案件案由规定》（2020年12月29日，法〔2020〕347号）（文中灰底部分为2020年变更的案由，黑体部分为2020年新增的案由）
155. 因恶意提起知识产权诉讼损害责任纠纷	171. 因恶意提起知识产权诉讼损害责任纠纷
156. 专利权宣告无效后返还费用纠纷	172. 专利权宣告无效后返还费用纠纷
十五、不正当竞争纠纷	十五、不正当竞争纠纷
157. 仿冒纠纷	173. 仿冒纠纷
（1）擅自使用知名商品特有名称、包装、装潢纠纷	（1）擅自使用与他人有一定影响的商品名称、包装、装潢等相同或者近似的标识纠纷
（2）擅自使用他人企业名称、姓名纠纷	（2）擅自使用他人有一定影响的企业名称、社会组织名称、姓名纠纷
	（3）擅自使用他人有一定影响的域名主体部分、网站名称、网页纠纷
~~（3）伪造、冒用产品质量标志纠纷~~	
~~（4）伪造产地纠纷~~	

《民事案件案由规定》 （2011 年 2 月 18 日， 法〔2011〕42 号） （文中灰底部分为 2020 年变更的案由，删除线为 2020 年删除的案由）	《民事案件案由规定》 （2020 年 12 月 29 日， 法〔2020〕347 号） （文中灰底部分为 2020 年变更的案由，黑体部分为 2020 年新增的案由）
158. 商业贿赂不正当竞争纠纷	174. 商业贿赂不正当竞争纠纷
159. 虚假宣传纠纷	175. 虚假宣传纠纷
160. 侵害商业秘密纠纷	176. 侵害商业秘密纠纷
（1）侵害技术秘密纠纷	（1）侵害技术秘密纠纷
（2）侵害经营秘密纠纷	（2）侵害经营秘密纠纷
161. 低价倾销不正当竞争纠纷	177. 低价倾销不正当竞争纠纷
162. 捆绑销售不正当竞争纠纷	178. 捆绑销售不正当竞争纠纷
163. 有奖销售纠纷	179. 有奖销售纠纷
164. 商业诋毁纠纷	180. 商业诋毁纠纷
165. 串通投标不正当竞争纠纷	181. 串通投标不正当竞争纠纷
	182. 网络不正当竞争纠纷
十六、垄断纠纷	十六、垄断纠纷
166. 垄断协议纠纷	183. 垄断协议纠纷
（1）横向垄断协议纠纷	（1）横向垄断协议纠纷

《民事案件案由规定》 （2011年2月18日， 法〔2011〕42号） （文中灰底部分为2020年变更的案由，删除线为2020年删除的案由）	《民事案件案由规定》 （2020年12月29日， 法〔2020〕347号） （文中灰底部分为2020年变更的案由，黑体部分为2020年新增的案由）
（2）纵向垄断协议纠纷	（2）纵向垄断协议纠纷
167. 滥用市场支配地位纠纷	184. 滥用市场支配地位纠纷
（1）垄断定价纠纷	（1）垄断定价纠纷
（2）掠夺定价纠纷	（2）掠夺定价纠纷
（3）拒绝交易纠纷	（3）拒绝交易纠纷
（4）限定交易纠纷	（4）限定交易纠纷
（5）捆绑交易纠纷	（5）捆绑交易纠纷
（6）差别待遇纠纷	（6）差别待遇纠纷
168. 经营者集中纠纷	185. 经营者集中纠纷
第六部分 劳动争议、人事争议	第六部分 劳动争议、人事争议
十七、劳动争议	十七、劳动争议
169. 劳动合同纠纷	186. 劳动合同纠纷
（1）确认劳动关系纠纷	（1）确认劳动关系纠纷
（2）集体合同纠纷	（2）集体合同纠纷
（3）劳务派遣合同纠纷	（3）劳务派遣合同纠纷
（4）非全日制用工纠纷	（4）非全日制用工纠纷

《民事案件案由规定》 （2011 年 2 月 18 日， 法〔2011〕42 号） （文中灰底部分为 2020 年变更的案由，删除线为 2020 年删除的案由）	《民事案件案由规定》 （2020 年 12 月 29 日， 法〔2020〕347 号） （文中灰底部分为 2020 年变更的案由，黑体部分为 2020 年新增的案由）
（5）追索劳动报酬纠纷	（5）追索劳动报酬纠纷
（6）经济补偿金纠纷	（6）经济补偿金纠纷
（7）竞业限制纠纷	（7）竞业限制纠纷
170. 社会保险纠纷	187. 社会保险纠纷
（1）养老保险待遇纠纷	（1）养老保险待遇纠纷
（2）工伤保险待遇纠纷	（2）工伤保险待遇纠纷
（3）医疗保险待遇纠纷	（3）医疗保险待遇纠纷
（4）生育保险待遇纠纷	（4）生育保险待遇纠纷
（5）失业保险待遇纠纷	（5）失业保险待遇纠纷
171. 福利待遇纠纷	188. 福利待遇纠纷
十八、人事争议	十八、人事争议
~~172. 人事争议~~	189. 聘用合同纠纷[①]
	190. 聘任合同纠纷
（1）辞职争议	191. 辞职纠纷
（2）辞退争议	192. 辞退纠纷

① 该案由对应 2011 年《民事案件案由规定》第三级案由“172. 人事争议”项下的第四级案由“（3）聘用合同争议”。

《民事案件案由规定》（2011 年 2 月 18 日，法〔2011〕42 号）（文中灰底部分为 2020 年变更的案由，删除线为 2020 年删除的案由）	《民事案件案由规定》（2020 年 12 月 29 日，法〔2020〕347 号）（文中灰底部分为 2020 年变更的案由，黑体部分为 2020 年新增的案由）
（3）聘用合同争议[①]	
第七部分 海事海商纠纷	第七部分 海事海商纠纷
十九、海事海商纠纷	十九、海事海商纠纷
173. 船舶碰撞损害责任纠纷	193. 船舶碰撞损害责任纠纷
174. 船舶触碰损害责任纠纷	194. 船舶触碰损害责任纠纷
175. 船舶损坏空中设施、水下设施损害责任纠纷	195. 船舶损坏空中设施、水下设施损害责任纠纷
176. 船舶污染损害责任纠纷	196. 船舶污染损害责任纠纷
177. 海上、通海水域污染损害责任纠纷	197. 海上、通海水域污染损害责任纠纷
178. 海上、通海水域养殖损害责任纠纷	198. 海上、通海水域养殖损害责任纠纷
179. 海上、通海水域财产损害责任纠纷	199. 海上、通海水域财产损害责任纠纷
180. 海上、通海水域人身损害责任纠纷	200. 海上、通海水域人身损害责任纠纷

① 该案由对应 2020 年《民事案件案由规定》第三级案由“189. 聘用合同纠纷”。

《民事案件案由规定》（2011 年 2 月 18 日，法〔2011〕42 号）（文中灰底部分为 2020 年变更的案由，删除线为 2020 年删除的案由）	《民事案件案由规定》（2020 年 12 月 29 日，法〔2020〕347 号）（文中灰底部分为 2020 年变更的案由，黑体部分为 2020 年新增的案由）
181. 非法留置船舶、船载货物、船用燃油、船用物料损害责任纠纷	201. 非法留置船舶、船载货物、船用燃油、船用物料损害责任纠纷
182. 海上、通海水域货物运输合同纠纷	202. 海上、通海水域货物运输合同纠纷
183. 海上、通海水域旅客运输合同纠纷	203. 海上、通海水域旅客运输合同纠纷
184. 海上、通海水域行李运输合同纠纷	204. 海上、通海水域行李运输合同纠纷
185. 船舶经营管理合同纠纷	205. 船舶经营管理合同纠纷
186. 船舶买卖合同纠纷	206. 船舶买卖合同纠纷
187. 船舶建造合同纠纷	207. 船舶建造合同纠纷
188. 船舶修理合同纠纷	208. 船舶修理合同纠纷
189. 船舶改建合同纠纷	209. 船舶改建合同纠纷
190. 船舶拆解合同纠纷	210. 船舶拆解合同纠纷
191. 船舶抵押合同纠纷	211. 船舶抵押合同纠纷
192. 航次租船合同纠纷	212. 航次租船合同纠纷
193. 船舶租用合同纠纷	213. 船舶租用合同纠纷

《民事案件案由规定》 （2011年2月18日， 法〔2011〕42号） （文中灰底部分为2020年变更的案由，删除线为2020年删除的案由）	《民事案件案由规定》 （2020年12月29日， 法〔2020〕347号） （文中灰底部分为2020年变更的案由，黑体部分为2020年新增的案由）
（1）定期租船合同纠纷	（1）定期租船合同纠纷
（2）光船租赁合同纠纷	（2）光船租赁合同纠纷
194. 船舶融资租赁合同纠纷	214. 船舶融资租赁合同纠纷
195. 海上、通海水域运输船舶承包合同纠纷	215. 海上、通海水域运输船舶承包合同纠纷
196. 渔船承包合同纠纷	216. 渔船承包合同纠纷
197. 船舶属具租赁合同纠纷	217. 船舶属具租赁合同纠纷
198. 船舶属具保管合同纠纷	218. 船舶属具保管合同纠纷
199. 海运集装箱租赁合同纠纷	219. 海运集装箱租赁合同纠纷
200. 海运集装箱保管合同纠纷	220. 海运集装箱保管合同纠纷
201. 港口货物保管合同纠纷	221. 港口货物保管合同纠纷
202. 船舶代理合同纠纷	222. 船舶代理合同纠纷
203. 海上、通海水域货运代理合同纠纷	223. 海上、通海水域货运代理合同纠纷
204. 理货合同纠纷	224. 理货合同纠纷

《民事案件案由规定》（2011 年 2 月 18 日，法〔2011〕42 号）（文中灰底部分为 2020 年变更的案由，删除线为 2020 年删除的案由）	《民事案件案由规定》（2020 年 12 月 29 日，法〔2020〕347 号）（文中灰底部分为 2020 年变更的案由，黑体部分为 2020 年新增的案由）
205. 船舶物料和备品供应合同纠纷	225. 船舶物料和备品供应合同纠纷
206. 船员劳务合同纠纷	226. 船员劳务合同纠纷
207. 海难救助合同纠纷	227. 海难救助合同纠纷
208. 海上、通海水域打捞合同纠纷	228. 海上、通海水域打捞合同纠纷
209. 海上、通海水域拖航合同纠纷	229. 海上、通海水域拖航合同纠纷
210. 海上、通海水域保险合同纠纷	230. 海上、通海水域保险合同纠纷
211. 海上、通海水域保赔合同纠纷	231. 海上、通海水域保赔合同纠纷
212. 海上、通海水域运输联营合同纠纷	232. 海上、通海水域运输联营合同纠纷
213. 船舶营运借款合同纠纷	233. 船舶营运借款合同纠纷
214. 海事担保合同纠纷	234. 海事担保合同纠纷
215. 航道、港口疏浚合同纠纷	235. 航道、港口疏浚合同纠纷

《民事案件案由规定》 （2011 年 2 月 18 日， 法〔2011〕42 号） （文中灰底部分为 2020 年变更的案由，删除线为 2020 年删除的案由）	《民事案件案由规定》 （2020 年 12 月 29 日， 法〔2020〕347 号） （文中灰底部分为 2020 年变更的案由，黑体部分为 2020 年新增的案由）
216. 船坞、码头建造合同纠纷	236. 船坞、码头建造合同纠纷
217. 船舶检验合同纠纷	237. 船舶检验合同纠纷
218. 海事请求担保纠纷	238. 海事请求担保纠纷
219. 海上、通海水域运输重大责任事故责任纠纷	239. 海上、通海水域运输重大责任事故责任纠纷
220. 港口作业重大责任事故责任纠纷	240. 港口作业重大责任事故责任纠纷
221. 港口作业纠纷	241. 港口作业纠纷
222. 共同海损纠纷	242. 共同海损纠纷
223. 海洋开发利用纠纷	243. 海洋开发利用纠纷
224. 船舶共有纠纷	244. 船舶共有纠纷
225. 船舶权属纠纷	245. 船舶权属纠纷
226. 海运欺诈纠纷	246. 海运欺诈纠纷
227. 海事债权确权纠纷	247. 海事债权确权纠纷
第八部分 与公司、证券、保险、票据等有关的民事纠纷	第八部分 与公司、证券、保险、票据等有关的民事纠纷

《民事案件案由规定》（2011年2月18日，法〔2011〕42号）（文中灰底部分为2020年变更的案由，删除线为2020年删除的案由）	《民事案件案由规定》（2020年12月29日，法〔2020〕347号）（文中灰底部分为2020年变更的案由，黑体部分为2020年新增的案由）
二十、与企业有关的纠纷	二十、与企业有关的纠纷
228. 企业出资人权益确认纠纷	248. 企业出资人权益确认纠纷
229. 侵害企业出资人权益纠纷	249. 侵害企业出资人权益纠纷
230. 企业公司制改造合同纠纷	250. 企业公司制改造合同纠纷
231. 企业股份合作制改造合同纠纷	251. 企业股份合作制改造合同纠纷
232. 企业债权转股权合同纠纷	252. 企业债权转股权合同纠纷
233. 企业分立合同纠纷	253. 企业分立合同纠纷
234. 企业租赁经营合同纠纷	254. 企业租赁经营合同纠纷
235. 企业出售合同纠纷	255. 企业出售合同纠纷
236. 挂靠经营合同纠纷	256. 挂靠经营合同纠纷
237. 企业兼并合同纠纷	257. 企业兼并合同纠纷
238. 联营合同纠纷	258. 联营合同纠纷
239. 企业承包经营合同纠纷	259. 企业承包经营合同纠纷
（1）中外合资经营企业承包经营合同纠纷	（1）中外合资经营企业承包经营合同纠纷
（2）中外合作经营企业承包经营合同纠纷	（2）中外合作经营企业承包经营合同纠纷

《民事案件案由规定》 （2011 年 2 月 18 日， 法〔2011〕42 号） （文中灰底部分为 2020 年变更的案由，删除线为 2020 年删除的案由）	《民事案件案由规定》 （2020 年 12 月 29 日， 法〔2020〕347 号） （文中灰底部分为 2020 年变更的案由，黑体部分为 2020 年新增的案由）
（3）外商独资企业承包经营合同纠纷	（3）外商独资企业承包经营合同纠纷
（4）乡镇企业承包经营合同纠纷	（4）乡镇企业承包经营合同纠纷
240. 中外合资经营企业合同纠纷	260. 中外合资经营企业合同纠纷
241. 中外合作经营企业合同纠纷	261. 中外合作经营企业合同纠纷
二十一、与公司有关的纠纷	二十一、与公司有关的纠纷
242. 股东资格确认纠纷	262. 股东资格确认纠纷
243. 股东名册记载纠纷	263. 股东名册记载纠纷
244. 请求变更公司登记纠纷	264. 请求变更公司登记纠纷
245. 股东出资纠纷	265. 股东出资纠纷
246. 新增资本认购纠纷	266. 新增资本认购纠纷
247. 股东知情权纠纷	267. 股东知情权纠纷
248. 请求公司收购股份纠纷	268. 请求公司收购股份纠纷
249. 股权转让纠纷	269. 股权转让纠纷
250. 公司决议纠纷	270. 公司决议纠纷

《民事案件案由规定》（2011 年 2 月 18 日，法〔2011〕42 号）（文中灰底部分为 2020 年变更的案由，删除线为 2020 年删除的案由）	《民事案件案由规定》（2020 年 12 月 29 日，法〔2020〕347 号）（文中灰底部分为 2020 年变更的案由，黑体部分为 2020 年新增的案由）
（1）公司决议效力确认纠纷	（1）公司决议效力确认纠纷
（2）公司决议撤销纠纷	（2）公司决议撤销纠纷
251. 公司设立纠纷	271. 公司设立纠纷
252. 公司证照返还纠纷	272. 公司证照返还纠纷
253. 发起人责任纠纷	273. 发起人责任纠纷
254. 公司盈余分配纠纷	274. 公司盈余分配纠纷
255. 损害股东利益责任纠纷	275. 损害股东利益责任纠纷
256. 损害公司利益责任纠纷	276. 损害公司利益责任纠纷
257. 股东损害公司债权人利益责任纠纷	277. 损害公司债权人利益责任纠纷
	（1）股东损害公司债权人利益责任纠纷
	（2）实际控制人损害公司债权人利益责任纠纷
258. 公司关联交易损害责任纠纷	278. 公司关联交易损害责任纠纷
259. 公司合并纠纷	279. 公司合并纠纷
260. 公司分立纠纷	280. 公司分立纠纷

《民事案件案由规定》（2011 年 2 月 18 日，法〔2011〕42 号）（文中灰底部分为 2020 年变更的案由，删除线为 2020 年删除的案由）	《民事案件案由规定》（2020 年 12 月 29 日，法〔2020〕347 号）（文中灰底部分为 2020 年变更的案由，黑体部分为 2020 年新增的案由）
261. 公司减资纠纷	281. 公司减资纠纷
262. 公司增资纠纷	282. 公司增资纠纷
263. 公司解散纠纷	283. 公司解散纠纷
264. 申请公司清算[①]	
265. 清算责任纠纷	284. 清算责任纠纷
266. 上市公司收购纠纷	285. 上市公司收购纠纷
二十二、合伙企业纠纷	二十二、合伙企业纠纷
267. 入伙纠纷	286. 入伙纠纷
268. 退伙纠纷	287. 退伙纠纷
269. 合伙企业财产份额转让纠纷	288. 合伙企业财产份额转让纠纷
二十三、与破产有关的纠纷	二十三、与破产有关的纠纷
270. 申请破产清算[②]	

① 该案由对应 2020 年《民事案件案由规定》第三级案由“420. 申请公司清算”，仅顺序有调整。

② 该案由对应 2020 年《民事案件案由规定》第三级案由“421. 申请破产清算”，仅顺序有调整。

《民事案件案由规定》（2011年2月18日，法〔2011〕42号）（文中灰底部分为2020年变更的案由，删除线为2020年删除的案由）	《民事案件案由规定》（2020年12月29日，法〔2020〕347号）（文中灰底部分为2020年变更的案由，黑体部分为2020年新增的案由）
271. 申请破产重整[①]	
272. 申请破产和解[②]	
273. 请求撤销个别清偿行为纠纷	289. 请求撤销个别清偿行为纠纷
274. 请求确认债务人行为无效纠纷	290. 请求确认债务人行为无效纠纷
275. 对外追收债权纠纷	291. 对外追收债权纠纷
276. 追收未缴出资纠纷	292. 追收未缴出资纠纷
277. 追收抽逃出资纠纷	293. 追收抽逃出资纠纷
278. 追收非正常收入纠纷	294. 追收非正常收入纠纷
279. 破产债权确认纠纷	295. 破产债权确认纠纷
（1）职工破产债权确认纠纷	（1）职工破产债权确认纠纷
（2）普通破产债权确认纠纷	（2）普通破产债权确认纠纷
280. 取回权纠纷	296. 取回权纠纷
（1）一般取回权纠纷	（1）一般取回权纠纷

① 该案由对应2020年《民事案件案由规定》第三级案由“422. 申请破产重整”，仅顺序有调整。

② 该案由对应2020年《民事案件案由规定》第三级案由“423. 申请破产和解”，仅顺序有调整。

《民事案件案由规定》（2011 年 2 月 18 日，法〔2011〕42 号）（文中灰底部分为 2020 年变更的案由，删除线为 2020 年删除的案由）	《民事案件案由规定》（2020 年 12 月 29 日，法〔2020〕347 号）（文中灰底部分为 2020 年变更的案由，黑体部分为 2020 年新增的案由）
（2）出卖人取回权纠纷	（2）出卖人取回权纠纷
281. 破产抵销权纠纷	297. 破产抵销权纠纷
282. 别除权纠纷	298. 别除权纠纷
283. 破产撤销权纠纷	299. 破产撤销权纠纷
284. 损害债务人利益赔偿纠纷	300. 损害债务人利益赔偿纠纷
285. 管理人责任纠纷	301. 管理人责任纠纷
二十四、证券纠纷	二十四、证券纠纷
286. 证券权利确认纠纷	302. 证券权利确认纠纷
（1）股票权利确认纠纷	（1）股票权利确认纠纷
（2）公司债券权利确认纠纷	（2）公司债券权利确认纠纷
（3）国债权利确认纠纷	（3）国债权利确认纠纷
（4）证券投资基金权利确认纠纷	（4）证券投资基金权利确认纠纷
287. 证券交易合同纠纷	303. 证券交易合同纠纷
（1）股票交易纠纷	（1）股票交易纠纷
（2）公司债券交易纠纷	（2）公司债券交易纠纷

《民事案件案由规定》 （2011年2月18日， 法〔2011〕42号） （文中灰底部分为2020年变更的案由，删除线为2020年删除的案由）	《民事案件案由规定》 （2020年12月29日， 法〔2020〕347号） （文中灰底部分为2020年变更的案由，黑体部分为2020年新增的案由）
（3）国债交易纠纷	（3）国债交易纠纷
（4）证券投资基金交易纠纷	（4）证券投资基金交易纠纷
288. 金融衍生品种交易纠纷	304. 金融衍生品种交易纠纷
289. 证券承销合同纠纷	305. 证券承销合同纠纷
（1）证券代销合同纠纷	（1）证券代销合同纠纷
（2）证券包销合同纠纷	（2）证券包销合同纠纷
290. 证券投资咨询纠纷	306. 证券投资咨询纠纷
291. 证券资信评级服务合同纠纷	307. 证券资信评级服务合同纠纷
292. 证券回购合同纠纷	308. 证券回购合同纠纷
（1）股票回购合同纠纷	（1）股票回购合同纠纷
（2）国债回购合同纠纷	（2）国债回购合同纠纷
（3）公司债券回购合同纠纷	（3）公司债券回购合同纠纷
（4）证券投资基金回购合同纠纷	（4）证券投资基金回购合同纠纷
（5）质押式证券回购纠纷	（5）质押式证券回购纠纷
293. 证券上市合同纠纷	309. 证券上市合同纠纷

《民事案件案由规定》 （2011 年 2 月 18 日， 法〔2011〕42 号） （文中灰底部分为 2020 年变更的案由，删除线为 2020 年删除的案由）	《民事案件案由规定》 （2020 年 12 月 29 日， 法〔2020〕347 号） （文中灰底部分为 2020 年变更的案由，黑体部分为 2020 年新增的案由）
294. 证券交易代理合同纠纷	310. 证券交易代理合同纠纷
295. 证券上市保荐合同纠纷	311. 证券上市保荐合同纠纷
296. 证券发行纠纷	312. 证券发行纠纷
（1）证券认购纠纷	（1）证券认购纠纷
（2）证券发行失败纠纷	（2）证券发行失败纠纷
297. 证券返还纠纷	313. 证券返还纠纷
298. 证券欺诈责任纠纷	314. 证券欺诈责任纠纷
（1）证券内幕交易责任纠纷	（1）证券内幕交易责任纠纷
（2）操纵证券交易市场责任纠纷	（2）操纵证券交易市场责任纠纷
（3）证券虚假陈述责任纠纷	（3）证券虚假陈述责任纠纷
（4）欺诈客户责任纠纷	（4）欺诈客户责任纠纷
299. 证券托管纠纷	315. 证券托管纠纷
300. 证券登记、存管、结算纠纷	316. 证券登记、存管、结算纠纷
301. 融资融券交易纠纷	317. 融资融券交易纠纷
302. 客户交易结算资金纠纷	318. 客户交易结算资金纠纷

《民事案件案由规定》（2011年2月18日，法〔2011〕42号）（文中灰底部分为2020年变更的案由，删除线为2020年删除的案由）	《民事案件案由规定》（2020年12月29日，法〔2020〕347号）（文中灰底部分为2020年变更的案由，黑体部分为2020年新增的案由）
二十五、期货交易纠纷	二十五、期货交易纠纷
303. 期货经纪合同纠纷	319. 期货经纪合同纠纷
304. 期货透支交易纠纷	320. 期货透支交易纠纷
305. 期货强行平仓纠纷	321. 期货强行平仓纠纷
306. 期货实物交割纠纷	322. 期货实物交割纠纷
307. 期货保证合约纠纷	323. 期货保证合约纠纷
308. 期货交易代理合同纠纷	324. 期货交易代理合同纠纷
309. 侵占期货交易保证金纠纷	325. 侵占期货交易保证金纠纷
310. 期货欺诈责任纠纷	326. 期货欺诈责任纠纷
311. 操纵期货交易市场责任纠纷	327. 操纵期货交易市场责任纠纷
312. 期货内幕交易责任纠纷	328. 期货内幕交易责任纠纷
313. 期货虚假信息责任纠纷	329. 期货虚假信息责任纠纷
二十六、信托纠纷	二十六、信托纠纷
314. 民事信托纠纷	330. 民事信托纠纷
315. 营业信托纠纷	331. 营业信托纠纷

《民事案件案由规定》 （2011 年 2 月 18 日， 法〔2011〕42 号） （文中灰底部分为 2020 年变更的案由，删除线为 2020 年删除的案由）	《民事案件案由规定》 （2020 年 12 月 29 日， 法〔2020〕347 号） （文中灰底部分为 2020 年变更的案由，黑体部分为 2020 年新增的案由）
316. 公益信托纠纷	332. 公益信托纠纷
二十七、保险纠纷	二十七、保险纠纷
317. 财产保险合同纠纷	333. 财产保险合同纠纷
（1）财产损失保险合同纠纷	（1）财产损失保险合同纠纷
（2）责任保险合同纠纷	（2）责任保险合同纠纷
（3）信用保险合同纠纷	（3）信用保险合同纠纷
（4）保证保险合同纠纷	（4）保证保险合同纠纷
（5）保险人代位求偿权纠纷	（5）保险人代位求偿权纠纷
318. 人身保险合同纠纷	334. 人身保险合同纠纷
（1）人寿保险合同纠纷	（1）人寿保险合同纠纷
（2）意外伤害保险合同纠纷	（2）意外伤害保险合同纠纷
（3）健康保险合同纠纷	（3）健康保险合同纠纷
319. 再保险合同纠纷	335. 再保险合同纠纷
320. 保险经纪合同纠纷	336. 保险经纪合同纠纷
321. 保险代理合同纠纷	337. 保险代理合同纠纷
322. 进出口信用保险合同纠纷	338. 进出口信用保险合同纠纷

《民事案件案由规定》（2011 年 2 月 18 日，法〔2011〕42 号）（文中灰底部分为 2020 年变更的案由，删除线为 2020 年删除的案由）	《民事案件案由规定》（2020 年 12 月 29 日，法〔2020〕347 号）（文中灰底部分为 2020 年变更的案由，黑体部分为 2020 年新增的案由）
323. 保险费纠纷	339. 保险费纠纷
二十八、票据纠纷	二十八、票据纠纷
324. 票据付款请求权纠纷	340. 票据付款请求权纠纷
325. 票据追索权纠纷	341. 票据追索权纠纷
326. 票据交付请求权纠纷	342. 票据交付请求权纠纷
327. 票据返还请求权纠纷	343. 票据返还请求权纠纷
328. 票据损害责任纠纷	344. 票据损害责任纠纷
329. 票据利益返还请求权纠纷	345. 票据利益返还请求权纠纷
330. 汇票回单签发请求权纠纷	346. 汇票回单签发请求权纠纷
331. 票据保证纠纷	347. 票据保证纠纷
332. 确认票据无效纠纷	348. 确认票据无效纠纷
333. 票据代理纠纷	349. 票据代理纠纷
334. 票据回购纠纷	350. 票据回购纠纷
二十九、信用证纠纷	二十九、信用证纠纷
335. 委托开立信用证纠纷	351. 委托开立信用证纠纷
336. 信用证开证纠纷	352. 信用证开证纠纷
337. 信用证议付纠纷	353. 信用证议付纠纷

《民事案件案由规定》 （2011 年 2 月 18 日， 法〔2011〕42 号） （文中灰底部分为 2020 年变更的案由，删除线为 2020 年删除的案由）	《民事案件案由规定》 （2020 年 12 月 29 日， 法〔2020〕347 号） （文中灰底部分为 2020 年变更的案由，黑体部分为 2020 年新增的案由）
338. 信用证欺诈纠纷	354. 信用证欺诈纠纷
339. 信用证融资纠纷	355. 信用证融资纠纷
340. 信用证转让纠纷	356. 信用证转让纠纷
	三十、独立保函纠纷
	357. 独立保函开立纠纷
	358. 独立保函付款纠纷
	359. 独立保函追偿纠纷
	360. 独立保函欺诈纠纷
	361. 独立保函转让纠纷
	362. 独立保函通知纠纷
	363. 独立保函撤销纠纷
第九部分 侵权责任纠纷	第九部分 侵权责任纠纷
三十、侵权责任纠纷	三十一、侵权责任纠纷
341. 监护人责任纠纷	364. 监护人责任纠纷
342. 用人单位责任纠纷	365. 用人单位责任纠纷

《民事案件案由规定》（2011年2月18日，法〔2011〕42号）（文中灰底部分为2020年变更的案由，删除线为2020年删除的案由）	《民事案件案由规定》（2020年12月29日，法〔2020〕347号）（文中灰底部分为2020年变更的案由，黑体部分为2020年新增的案由）
343. 劳务派遣工作人员侵权责任纠纷	366. 劳务派遣工作人员侵权责任纠纷
344. 提供劳务者致害责任纠纷	367. 提供劳务者致害责任纠纷
345. 提供劳务者受害责任纠纷	368. 提供劳务者受害责任纠纷
346. 网络侵权责任纠纷	369. 网络侵权责任纠纷
	（1）网络侵害虚拟财产纠纷
347. 违反安全保障义务责任纠纷	370. 违反安全保障义务责任纠纷
（1）公共场所管理人责任纠纷	（1）经营场所、公共场所的经营者、管理者责任纠纷
（2）群众性活动组织者责任纠纷	（2）群众性活动组织者责任纠纷
348. 教育机构责任纠纷	371. 教育机构责任纠纷
348之一、性骚扰损害责任纠纷	372. 性骚扰损害责任纠纷
349. 产品责任纠纷	373. 产品责任纠纷
（1）产品生产者责任纠纷	（1）产品生产者责任纠纷

《民事案件案由规定》 （2011 年 2 月 18 日， 法〔2011〕42 号） （文中灰底部分为 2020 年变更的案由，删除线为 2020 年删除的案由）	《民事案件案由规定》 （2020 年 12 月 29 日， 法〔2020〕347 号） （文中灰底部分为 2020 年变更的案由，黑体部分为 2020 年新增的案由）
（2）产品销售者责任纠纷	（2）产品销售者责任纠纷
（3）产品运输者责任纠纷	（3）产品运输者责任纠纷
（4）产品仓储者责任纠纷	（4）产品仓储者责任纠纷
350. 机动车交通事故责任纠纷	374. 机动车交通事故责任纠纷
	375. 非机动车交通事故责任纠纷
351. 医疗损害责任纠纷	376. 医疗损害责任纠纷
（1）侵害患者知情同意权责任纠纷	（1）侵害患者知情同意权责任纠纷
（2）医疗产品责任纠纷	（2）医疗产品责任纠纷
352. 环境污染责任纠纷	377. 环境污染责任纠纷
（1）大气污染责任纠纷	（1）大气污染责任纠纷
（2）水污染责任纠纷	（2）水污染责任纠纷

《民事案件案由规定》（2011年2月18日，法〔2011〕42号）（文中灰底部分为2020年变更的案由，删除线为2020年删除的案由）	《民事案件案由规定》（2020年12月29日，法〔2020〕347号）（文中灰底部分为2020年变更的案由，黑体部分为2020年新增的案由）
（3）噪声污染责任纠纷[①]	
（4）放射性污染责任纠纷[②]	
（5）土壤污染责任纠纷	（3）土壤污染责任纠纷[③]
（6）电子废物污染责任纠纷	（4）电子废物污染责任纠纷[④]
（7）固体废物污染责任纠纷	（5）固体废物污染责任纠纷[⑤]
	（6）噪声污染责任纠纷[⑥]
	（7）光污染责任纠纷
	（8）放射性污染责任纠纷[⑦]

---

① 该案由对应2020年《民事案件案由规定》第三级案由“377.环境污染责任纠纷”项下的第四级案由“（6）噪声污染责任纠纷”，仅顺序有调整。

② 该案由对应2020年《民事案件案由规定》第三级案由“377.环境污染责任纠纷”项下的第四级案由“（8）放射性污染责任纠纷”，仅顺序有调整。

③ 该案由对应2011年《民事案件案由规定》第三级案由“352.环境污染责任纠纷”项下的第四级案由“（5）土壤污染责任纠纷”，仅顺序有调整。

④ 该案由对应2011年《民事案件案由规定》第三级案由“352.环境污染责任纠纷”项下的第四级案由“（6）电子废物污染责任纠纷”，仅顺序有调整。

⑤ 该案由对应2011年《民事案件案由规定》第三级案由“352.环境污染责任纠纷”项下的第四级案由“（7）固体废物污染责任纠纷”，仅顺序有调整。

⑥ 该案由对应2011年《民事案件案由规定》第三级案由“352.环境污染责任纠纷”项下的第四级案由“（3）噪声污染责任纠纷”，仅顺序有调整。

⑦ 该案由对应2011年《民事案件案由规定》第三级案由“352.环境污染责任纠纷”项下的第四级案由“（4）放射性污染责任纠纷”，仅顺序有调整。

《民事案件案由规定》（2011年2月18日，法〔2011〕42号）（文中灰底部分为2020年变更的案由，删除线为2020年删除的案由）	《民事案件案由规定》（2020年12月29日，法〔2020〕347号）（文中灰底部分为2020年变更的案由，黑体部分为2020年新增的案由）
	378. 生态破坏责任纠纷
353. 高度危险责任纠纷	379. 高度危险责任纠纷
（1）民用核设施损害责任纠纷	（1）民用核设施、核材料损害责任纠纷
（2）民用航空器损害责任纠纷	（2）民用航空器损害责任纠纷
（3）占有、使用高度危险物损害责任纠纷	（3）占有、使用高度危险物损害责任纠纷
（4）高度危险活动损害责任纠纷	（4）高度危险活动损害责任纠纷
（5）遗失、抛弃高度危险物损害责任纠纷	（5）遗失、抛弃高度危险物损害责任纠纷
（6）非法占有高度危险物损害责任纠纷	（6）非法占有高度危险物损害责任纠纷
354. 饲养动物损害责任纠纷	380. 饲养动物损害责任纠纷
355. 物件损害责任纠纷	381. 建筑物和物件损害责任纠纷
（1）物件脱落、坠落损害责任纠纷	（1）物件脱落、坠落损害责任纠纷

《民事案件案由规定》（2011年2月18日，法〔2011〕42号）（文中灰底部分为2020年变更的案由，删除线为2020年删除的案由）	《民事案件案由规定》（2020年12月29日，法〔2020〕347号）（文中灰底部分为2020年变更的案由，黑体部分为2020年新增的案由）
（2）建筑物、构筑物倒塌损害责任纠纷	（2）建筑物、构筑物倒塌、塌陷损害责任纠纷
（3）不明抛掷物、坠落物损害责任纠纷	（3）高空抛物、坠物损害责任纠纷
（4）堆放物倒塌致害责任纠纷	（4）堆放物倒塌、滚落、滑落损害责任纠纷
（5）公共道路妨碍通行损害责任纠纷	（5）公共道路妨碍通行损害责任纠纷
（6）林木折断损害责任纠纷	（6）林木折断、倾倒、果实坠落损害责任纠纷
（7）地面施工、地下设施损害责任纠纷	（7）地面施工、地下设施损害责任纠纷
356. 触电人身损害责任纠纷	382. 触电人身损害责任纠纷
357. 义务帮工人受害责任纠纷	383. 义务帮工人受害责任纠纷
358. 见义勇为人受害责任纠纷	384. 见义勇为人受害责任纠纷
359. 公证损害责任纠纷	385. 公证损害责任纠纷
360. 防卫过当损害责任纠纷	386. 防卫过当损害责任纠纷
361. 紧急避险损害责任纠纷	387. 紧急避险损害责任纠纷

《民事案件案由规定》 （2011年2月18日， 法〔2011〕42号） （文中灰底部分为2020年变更的案由，删除线为2020年删除的案由）	《民事案件案由规定》 （2020年12月29日， 法〔2020〕347号） （文中灰底部分为2020年变更的案由，黑体部分为2020年新增的案由）
362. 驻香港、澳门特别行政区军人执行职务侵权责任纠纷	388. 驻香港、澳门特别行政区军人执行职务侵权责任纠纷
363. 铁路运输损害责任纠纷	389. 铁路运输损害责任纠纷
（1）铁路运输人身损害责任纠纷	（1）铁路运输人身损害责任纠纷
（2）铁路运输财产损害责任纠纷	（2）铁路运输财产损害责任纠纷
364. 水上运输损害责任纠纷	390. 水上运输损害责任纠纷
（1）水上运输人身损害责任纠纷	（1）水上运输人身损害责任纠纷
（2）水上运输财产损害责任纠纷	（2）水上运输财产损害责任纠纷
365. 航空运输损害责任纠纷	391. 航空运输损害责任纠纷
（1）航空运输人身损害责任纠纷	（1）航空运输人身损害责任纠纷
（2）航空运输财产损害责任纠纷	（2）航空运输财产损害责任纠纷

《民事案件案由规定》（2011年2月18日，法〔2011〕42号）（文中灰底部分为2020年变更的案由，删除线为2020年删除的案由）	《民事案件案由规定》（2020年12月29日，法〔2020〕347号）（文中灰底部分为2020年变更的案由，黑体部分为2020年新增的案由）
366. 因申请诉前财产保全损害责任纠纷	392. 因申请财产保全损害责任纠纷
	393. 因申请行为保全损害责任纠纷
367. 因申请诉前证据保全损害责任纠纷	394. 因申请证据保全损害责任纠纷
~~368. 因申请诉中财产保全损害责任纠纷~~	
~~369. 因申请诉中证据保全损害责任纠纷~~	
370. 因申请先予执行损害责任纠纷	395. 因申请先予执行损害责任纠纷
第十部分 适用特殊程序案件案由	第十部分 非讼程序案件案由
三十一、选民资格案件	三十二、选民资格案件
371. 申请确定选民资格	396. 申请确定选民资格

《民事案件案由规定》（2011年2月18日，法〔2011〕42号）（文中灰底部分为2020年变更的案由，删除线为2020年删除的案由）	《民事案件案由规定》（2020年12月29日，法〔2020〕347号）（文中灰底部分为2020年变更的案由，黑体部分为2020年新增的案由）
三十二、宣告失踪、宣告死亡案件	三十三、宣告失踪、宣告死亡案件
372. 申请宣告公民失踪	397. 申请宣告自然人失踪
373. 申请撤销宣告失踪	398. 申请撤销宣告失踪判决
374. 申请为失踪人财产指定、变更代管人	399. 申请为失踪人财产指定、变更代管人
375. 失踪人债务支付纠纷[①]	
376. 申请宣告公民死亡	400. 申请宣告自然人死亡
377. 申请撤销宣告公民死亡	401. 申请撤销宣告自然人死亡判决
378. 被撤销死亡宣告人请求返还财产纠纷[②]	
三十三、认定公民无民事行为能力、限制民事行为能力案件	三十四、认定自然人无民事行为能力、限制民事行为能力案件

① 该案由对应2020年《民事案件案由规定》第三级案由“464. 失踪人债务支付纠纷”，仅顺序有调整。

② 该案由对应2020年《民事案件案由规定》第三级案由“465. 被撤销死亡宣告人请求返还财产纠纷”，仅顺序有调整。

《民事案件案由规定》（2011年2月18日，法〔2011〕42号）（文中灰底部分为2020年变更的案由，删除线为2020年删除的案由）	《民事案件案由规定》（2020年12月29日，法〔2020〕347号）（文中灰底部分为2020年变更的案由，黑体部分为2020年新增的案由）
379. 申请宣告公民无民事行为能力	402. 申请宣告自然人无民事行为能力
380. 申请宣告公民限制民事行为能力	403. 申请宣告自然人限制民事行为能力
381. 申请宣告公民恢复限制民事行为能力	404. 申请宣告自然人恢复限制民事行为能力
382. 申请宣告公民恢复完全民事行为能力	405. 申请宣告自然人恢复完全民事行为能力
	三十五、指定遗产管理人案件
	406. 申请指定遗产管理人
三十四、认定财产无主案件	三十六、认定财产无主案件
383. 申请认定财产无主	407. 申请认定财产无主
384. 申请撤销认定财产无主	408. 申请撤销认定财产无主判决
	三十七、确认调解协议案件
	409. 申请司法确认调解协议
	410. 申请撤销确认调解协议裁定

《民事案件案由规定》 （2011年2月18日， 法〔2011〕42号） （文中灰底部分为2020年变更的案由，删除线为2020年删除的案由）	《民事案件案由规定》 （2020年12月29日， 法〔2020〕347号） （文中灰底部分为2020年变更的案由，黑体部分为2020年新增的案由）
	三十八、实现担保物权案件
	411. 申请实现担保物权
	412. 申请撤销准许实现担保物权裁定
三十五、监护权特别程序案件	三十九、监护权特别程序案件
385. 申请确定监护人	413. 申请确定监护人
	414. 申请指定监护人
386. 申请变更监护人	415. 申请变更监护人
387. 申请撤销监护人资格	416. 申请撤销监护人资格
	417. 申请恢复监护人资格
三十六、督促程序案件	四十、督促程序案件
388. 申请支付令	418. 申请支付令
三十七、公示催告程序案件	四十一、公示催告程序案件
389. 申请公示催告	419. 申请公示催告

《民事案件案由规定》（2011 年 2 月 18 日，法〔2011〕42 号）（文中灰底部分为 2020 年变更的案由，删除线为 2020 年删除的案由）	《民事案件案由规定》（2020 年 12 月 29 日，法〔2020〕347 号）（文中灰底部分为 2020 年变更的案由，黑体部分为 2020 年新增的案由）
	四十二、公司清算案件
	420. 申请公司清算[①]
	四十三、破产程序案件
	421. 申请破产清算[②]
	422. 申请破产重整[③]
	423. 申请破产和解[④]
	424. 申请对破产财产追加分配
三十八、申请诉前停止侵害知识产权案件	四十四、申请诉前停止侵害知识产权案件
390. 申请诉前停止侵害专利权	425. 申请诉前停止侵害专利权
391. 申请诉前停止侵害注册商标专用权	426. 申请诉前停止侵害注册商标专用权

---

① 该案由对应 2011 年《民事案件案由规定》第三级案由“264. 申请公司清算”，仅顺序有调整。

② 该案由对应 2011 年《民事案件案由规定》第三级案由“270. 申请破产清算”，仅顺序有调整。

③ 该案由对应 2011 年《民事案件案由规定》第三级案由“271. 申请破产重整”，仅顺序有调整。

④ 该案由对应 2011 年《民事案件案由规定》第三级案由“272. 申请破产和解”，仅顺序有调整。

《民事案件案由规定》（2011 年 2 月 18 日，法〔2011〕42 号）（文中灰底部分为 2020 年变更的案由，删除线为 2020 年删除的案由）	《民事案件案由规定》（2020 年 12 月 29 日，法〔2020〕347 号）（文中灰底部分为 2020 年变更的案由，黑体部分为 2020 年新增的案由）
392. 申请诉前停止侵害著作权	427. 申请诉前停止侵害著作权
393. 申请诉前停止侵害植物新品种权	428. 申请诉前停止侵害植物新品种权
	429. 申请诉前停止侵害计算机软件著作权
	430. 申请诉前停止侵害集成电路布图设计专用权
三十九、申请保全案件	四十五、申请保全案件
394. 申请诉前财产保全	431. 申请诉前财产保全
~~395. 申请诉中财产保全~~	
	432. 申请诉前行为保全
396. 申请诉前证据保全	433. 申请诉前证据保全
~~397. 申请诉中证据保全~~	
	434. 申请仲裁前财产保全
	435. 申请仲裁前行为保全
	436. 申请仲裁前证据保全
398. 仲裁程序中的财产保全	437. 仲裁程序中的财产保全
399. 仲裁程序中的证据保全	438. 仲裁程序中的证据保全

《民事案件案由规定》（2011 年 2 月 18 日，法〔2011〕42 号）（文中灰底部分为 2020 年变更的案由，删除线为 2020 年删除的案由）	《民事案件案由规定》（2020 年 12 月 29 日，法〔2020〕347 号）（文中灰底部分为 2020 年变更的案由，黑体部分为 2020 年新增的案由）
	439. 申请执行前财产保全
400. 申请中止支付信用证项下款项	440. 申请中止支付信用证项下款项
401. 申请中止支付保函项下款项	441. 申请中止支付保函项下款项
	四十六、申请人身安全保护令案件
	442. 申请人身安全保护令
	四十七、申请人格权侵害禁令案件
	443. 申请人格权侵害禁令
四十、仲裁程序案件	四十八、仲裁程序案件
402. 申请确认仲裁协议效力	444. 申请确认仲裁协议效力
403. 申请撤销仲裁裁决	445. 申请撤销仲裁裁决
四十一、海事诉讼特别程序案件	四十九、海事诉讼特别程序案件
404. 申请海事请求保全	446. 申请海事请求保全
（1）申请扣押船舶	（1）申请扣押船舶

《民事案件案由规定》（2011 年 2 月 18 日，法〔2011〕42 号）（文中灰底部分为 2020 年变更的案由，删除线为 2020 年删除的案由）	《民事案件案由规定》（2020 年 12 月 29 日，法〔2020〕347 号）（文中灰底部分为 2020 年变更的案由，黑体部分为 2020 年新增的案由）
（2）申请拍卖扣押船舶	（2）申请拍卖扣押船舶
（3）申请扣押船载货物	（3）申请扣押船载货物
（4）申请拍卖扣押船载货物	（4）申请拍卖扣押船载货物
（5）申请扣押船用燃油及船用物料	（5）申请扣押船用燃油及船用物料
（6）申请拍卖扣押船用燃油及船用物料	（6）申请拍卖扣押船用燃油及船用物料
405. 申请海事支付令	447. 申请海事支付令
406. 申请海事强制令	448. 申请海事强制令
407. 申请海事证据保全	449. 申请海事证据保全
408. 申请设立海事赔偿责任限制基金	450. 申请设立海事赔偿责任限制基金
409. 申请船舶优先权催告	451. 申请船舶优先权催告
410. 申请海事债权登记与受偿	452. 申请海事债权登记与受偿
四十二、申请承认与执行法院判决、仲裁裁决案件	五十、申请承认与执行法院判决、仲裁裁决案件
411. 申请执行海事仲裁裁决	453. 申请执行海事仲裁裁决

《民事案件案由规定》（2011年2月18日，法〔2011〕42号）（文中灰底部分为2020年变更的案由，删除线为2020年删除的案由）	《民事案件案由规定》（2020年12月29日，法〔2020〕347号）（文中灰底部分为2020年变更的案由，黑体部分为2020年新增的案由）
412. 申请执行知识产权仲裁裁决	454. 申请执行知识产权仲裁裁决
413. 申请执行涉外仲裁裁决	455. 申请执行涉外仲裁裁决
414. 申请认可和执行香港特别行政区法院民事判决	456. 申请认可和执行香港特别行政区法院民事判决
415. 申请认可和执行香港特别行政区仲裁裁决	457. 申请认可和执行香港特别行政区仲裁裁决
416. 申请认可和执行澳门特别行政区法院民事判决	458. 申请认可和执行澳门特别行政区法院民事判决
417. 申请认可和执行澳门特别行政区仲裁裁决	459. 申请认可和执行澳门特别行政区仲裁裁决
418. 申请认可和执行台湾地区法院民事判决	460. 申请认可和执行台湾地区法院民事判决
419. 申请认可和执行台湾地区仲裁裁决	461. 申请认可和执行台湾地区仲裁裁决
420. 申请承认和执行外国法院民事判决、裁定	462. 申请承认和执行外国法院民事判决、裁定
421. 申请承认和执行外国仲裁裁决	463. 申请承认和执行外国仲裁裁决

《民事案件案由规定》 （2011年2月18日， 法〔2011〕42号） （文中灰底部分为2020年变更的案由，删除线为2020年删除的案由）	《民事案件案由规定》 （2020年12月29日， 法〔2020〕347号） （文中灰底部分为2020年变更的案由，黑体部分为2020年新增的案由）
	第十一部分 特殊诉讼程序案件案由
	五十一、与宣告失踪、宣告死亡案件有关的纠纷
	464. 失踪人债务支付纠纷[①]
	465. 被撤销死亡宣告人请求返还财产纠纷[②]
	五十二、公益诉讼
	466. 生态环境保护民事公益诉讼
	（1）环境污染民事公益诉讼
	（2）生态破坏民事公益诉讼
	（3）生态环境损害赔偿诉讼
	467. 英雄烈士保护民事公益诉讼

① 该案由对应2011年《民事案件案由规定》第三级案由“375. 失踪人债务支付纠纷”，仅顺序有调整。

② 该案由对应2011年《民事案件案由规定》第三级案由“378. 被撤销死亡宣告人请求返还财产纠纷”，仅顺序有调整。

《民事案件案由规定》（2011 年 2 月 18 日，法〔2011〕42 号）（文中灰底部分为 2020 年变更的案由，删除线为 2020 年删除的案由）	《民事案件案由规定》（2020 年 12 月 29 日，法〔2020〕347 号）（文中灰底部分为 2020 年变更的案由，黑体部分为 2020 年新增的案由）
	468. 未成年人保护民事公益诉讼
	469. 消费者权益保护民事公益诉讼
	五十三、第三人撤销之诉
	470. 第三人撤销之诉
四十三、执行异议之诉	五十四、执行程序中的异议之诉
	471. 执行异议之诉
422. 案外人执行异议之诉	（1）案外人执行异议之诉
423. 申请执行人执行异议之诉	（2）申请执行人执行异议之诉
	472. 追加、变更被执行人异议之诉
424. 执行分配方案异议之诉	473. 执行分配方案异议之诉